大方廣佛華嚴經 讀誦

6

🪷 일러두기

1. 『독송본 한문 · 한글역 대방광불화엄경』은 실차난타가 한역(695~699)한 80권 『대방광불화엄경』의 한문 원문과 한글역을 함께 수록한 것이다. 한문에는 음사와 현토를 부기하였다.

2. 원문의 저본은 고종 2년(1865) 월정사에서 인경한 고려대장경 『대방광불화엄경』에 한암 스님이 현토(1949년)한 것을 범룡 스님이 영인 출판(1990년)한 『대방광불화엄경』이다.

3. 한문은 저본에서 누락되었거나 글자가 다르다고 판단된 부분은 저본인 고려대장경 각권의 말미에 교감되어 있는 내용을 중심으로 하고 봉은사판 『대방광불화엄경수소연의초』와 신수대장경 각주에서 밝힌 교감본을 참조하여 보입하고 수정하였다.

4. 한글 번역은 동국역경원에서 발간한 한글 『대방광불화엄경』(운허)을 중심으로 하고 『신화엄경합론』(탄허)과 『대방광불화엄경 강설』(여천무비) 그리고 최근의 여타 번역본 등을 참조하였다.

5. 저본의 원문에서 이체자의 경우 혼글이 제공하는 이체자는 그대로 살리고 혼글이 제공하지 않는 글자는 통용되는 정자로 바꾸었다. 예) 間 → 閒 / 焰 → 燄 / 宮 → 宫 / 俻 → 稱

6. 한글 번역은 독송과 사경을 위하여 정확성과 아울러 가독성을 고려하였다. 극존칭은 부처님과 불경계에 대해서만 사용하였다.

7. 독송본의 차례는 일러두기 → 본문 → 화엄경 목차 → 간행사의 순차이다.
   (법공양판에는 간행사 다음에 간행불사 동참자를 밝혀 두었다.)

8. 독송본의 한글역은 사경의 편의를 도모하기 위해 그 편집을 달리하여 『사경본 한글역 대방광불화엄경』으로 함께 간행한다. 독송본과 사경본 모두 80권 『대방광불화엄경』의 권별 목차 순으로 간행한다.

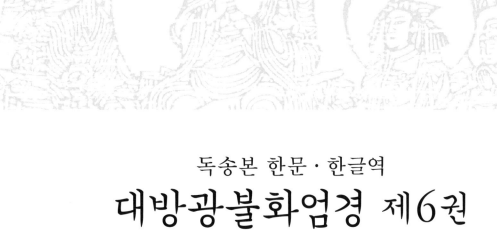

독송본 한문·한글역

대방광불화엄경 제6권
大方廣佛華嚴經 卷第六

2. 여래현상품
如來現相品 第二

실차난타 한역
수미해주 한글역

6

大方廣佛華嚴經第六卷變相 周

대방광불화엄경 제6권 변상도

대방광불화엄경

제6권

2. 여래현상품

대방광불화엄경 권제육
大方廣佛華嚴經　卷第六

여래현상품　제이
如來現相品　第二

이시　　제보살　　급일체세간주　　작시사
爾時에 **諸菩薩**과 **及一切世間主**가 **作是思**

유
惟하니라

운하시제불지　　운하시제불경계　　운하시
云何是諸佛地며 **云何是諸佛境界**며 **云何是**

제불가지　　운하시제불소행　　운하시제불
諸佛加持며 **云何是諸佛所行**이며 **云何是諸佛**

대방광불화엄경 제6권

2. 여래현상품

그 때에 모든 보살들과 일체 세간의 주인들이 이러한 생각을 하였다.

어떤 것이 모든 부처님의 지위이며, 어떤 것이 모든 부처님의 경계이며, 어떤 것이 모든 부처님의 가지이며, 어떤 것이 모든 부처님의 행하신 일이며, 어떤 것이 모든 부처님의 힘이며, 어떤 것이 모든 부처님의

력   운하시제불무소외   운하시제불삼매
力이며 云何是諸佛無所畏며 云何是諸佛三昧며

운하시제불신통   운하시제불자재   운하
云何是諸佛神通이며 云何是諸佛自在며 云何

시제불무능섭취   운하시제불안   운하시
是諸佛無能攝取며 云何是諸佛眼이며 云何是

제불이   운하시제불비   운하시제불설
諸佛耳며 云何是諸佛鼻며 云何是諸佛舌이며

운하시제불신   운하시제불의   운하시제
云何是諸佛身이며 云何是諸佛意며 云何是諸

불신광   운하시제불광명   운하시제불
佛身光이며 云何是諸佛光明이며 云何是諸佛

성   운하시제불지
聲이며 云何是諸佛智니잇고

유원세존   애민아등   개시연설
唯願世尊은 哀愍我等하사 開示演說하소서

두려움 없음이며, 어떤 것이 모든 부처님의 삼매이며, 어떤 것이 모든 부처님의 신통이며, 어떤 것이 모든 부처님의 자재이며, 어떤 것이 모든 부처님의 능히 섭취할 수 없음이며, 어떤 것이 모든 부처님의 눈이며, 어떤 것이 모든 부처님의 귀이며, 어떤 것이 모든 부처님의 코이며, 어떤 것이 모든 부처님의 혀이며, 어떤 것이 모든 부처님의 몸이며, 어떤 것이 모든 부처님의 뜻이며, 어떤 것이 모든 부처님의 몸광명이며, 어떤 것이 모든 부처님의 광명이며, 어떤 것이 모든 부처님의 음성이며, 어떤 것이 모든 부처님의 지혜입니까?

오직 원컨대 세존께서는 저희들을 불쌍히 여기셔서 열어 보여 연설해주소서.

우 시방세계해　　일체제불　　개위제보살
又十方世界海의　一切諸佛이　皆爲諸菩薩하사

설세계해　　중생해　　법계안립해　　불해　　불
說世界海와　衆生海와　法界安立海와　佛海와　佛

바라밀해　　불해탈해　　불변화해　　불연설
波羅蜜海와　佛解脫海와　佛變化海와　佛演說

해　　불명호해　　불수량해　　급일체보살서
海와　佛名号海와　佛壽量海와　及一切菩薩誓

원해　　일체보살발취해　　일체보살조도해
願海와　一切菩薩發趣海와　一切菩薩助道海와

일체보살승해　　일체보살행해　　일체보살
一切菩薩乘海와　一切菩薩行海와　一切菩薩

출리해　　일체보살신통해　　일체보살바라
出離海와　一切菩薩神通海와　一切菩薩波羅

밀해　　일체보살지해　　일체보살지해
蜜海와　一切菩薩地海와　一切菩薩智海하시나니

또 시방세계바다의 일체 모든 부처님께서 다 모든 보살들을 위하여 세계바다와 중생바다와 법계가 나란히 펼쳐진 바다와 부처님바다와 부처님 바라밀바다와 부처님 해탈바다와 부처님 변화바다와 부처님 연설바다와 부처님 명호바다와 부처님 수명바다와 그리고 일체 보살의 서원바다와 일체 보살의 발심하여 나아가는 바다와 일체 보살의 도를 돕는 바다와 일체 보살의 타고가는 승바다와 일체 보살의 행바다와 일체 보살의 벗어나 여의는 바다와 일체 보살의 신통바다와 일체 보살의 바라밀바다와 일체 보살의 지위바다와 일체 보살의 지

원불세존　　역위아등　　여시이설
願佛世尊은 亦爲我等하사 如是而說하소서

이시　　제보살위신력고　　어일체공양구운
爾時에 諸菩薩威神力故로 於一切供養具雲

중　　자연출음　　이설송언
中에 自然出音하야 而說頌言하니라

무량겁중수행만　　　　보리수하성정각
無量劫中修行滿하사　 菩提樹下成正覺하시고

위도중생보현신　　　　여운충변진미래
爲度衆生普現身하사　 如雲充徧盡未來로다

혜바다를 설하시니, 원컨대 부처님 세존께서는
또한 저희들을 위하여 이와 같이 설해주소서.

그 때에 모든 보살들의 위신력으로 일체 공
양구구름 가운데 자연히 소리가 나서 게송을
설하여 말씀하였다.

한량없는 겁 동안 수행이 원만하시어
보리수 아래에서 정각을 이루시고
중생들을 제도하기 위하여 널리 몸을 나타내셔서
미래가 다하도록 구름처럼 충만하시도다.

중생유의개사단
衆生有疑皆使斷하사

광대신해실령발
廣大信解悉令發하시며

무변제고보사제
無邊際苦普使除하사

제불안락함령증
諸佛安樂咸令證케하소서

보살무수등찰진
菩薩無數等刹塵이

구래차회동첨앙
俱來此會同瞻仰하니

원수기의소응수
願隨其意所應受하사

연설묘법제의혹
演說妙法除疑惑하소서

운하요지제불지
云何了知諸佛地며

운하관찰여래경
云何觀察如來境이니잇고

불소가지무유변
佛所加持無有邊이시니

원시차법영청정
願示此法令淸淨케하소서

중생들에게 있는 의심을 모두 끊게 하시고
광대한 믿음과 이해를 다 내게 하시며
끝없는 고통을 널리 제하게 하셔서
모든 부처님의 안락을 다 증득케 하소서.

무수한 세계 티끌 수 같은 보살들이
이 모임에 함께 와서 다 같이 우러르니
그 뜻에 마땅히 받을 바를 따라서
묘법을 연설하여 의혹을 없애주소서.

어떻게 모든 부처님 지위를 요달해 알며
어떻게 여래의 경계를 관찰합니까?
부처님의 가피는 가없으시니
이 법을 보여 청정하게 해주소서.

운 하 시 불 소 행 처
云何是佛所行處에

이 이 지 혜 능 명 입
而以智慧能明入이니잇고

불 력 청 정 광 무 변
佛力清淨廣無邊이시니

위 제 보 살 응 개 시
爲諸菩薩應開示하소서

운 하 광 대 제 삼 매
云何廣大諸三昧며

운 하 정 치 무 외 법
云何淨治無畏法이니잇고

신 통 력 용 불 가 량
神通力用不可量이시니

원 수 중 생 심 락 설
願隨衆生心樂說하소서

제 불 법 왕 여 세 주
諸佛法王如世主하사

소 행 자 재 무 능 제
所行自在無能制와

급 여 일 체 광 대 법
及餘一切廣大法을

위 이 익 고 당 개 연
爲利益故當開演하소서

어떻게 부처님께서 행하신 곳에
지혜로 능히 밝게 들어갈 수 있습니까?
부처님의 힘은 청정하며 넓고 가없으시니
모든 보살들을 위하여 열어 보여주소서.

무엇이 넓고 큰 모든 삼매이며
무엇이 두려움 없는 법을 깨끗이 닦음입니까?
신통력의 작용이 한량없으시니
중생들의 마음에 즐김을 따라 설해주소서.

모든 부처님 법왕은 세간의 주인 같으시니
소행이 자재하여 능히 제어할 수 없음과
나머지 일체 광대한 법을
이익을 위하여 연설해주소서.

불안운하무유량
佛眼云何無有量이며

이비설신역부연
耳鼻舌身亦復然이며

의무유량부운하
意無有量復云何니잇고

원시능지차방편
願示能知此方便하소서

여제찰해중생해
如諸刹海眾生海와

법계소유안립해
法界所有安立海와

급제불해역무변
及諸佛海亦無邊을

원위불자함개창
願爲佛子咸開暢하소서

영출사의중도해
永出思議眾度海와

보입해탈방편해
普入解脫方便海와

소유일체법문해
所有一切法門海를

차도량중원선설
此道場中願宣說하소서

부처님 눈은 어찌하여 한량없으며

귀와 코와 혀와 몸 또한 그러하며

뜻도 한량없으니 또 어찌하여 그러합니까?

원컨대 이것을 능히 아는 방편을 보여주소서.

모든 세계바다와 중생바다와

법계가 나란히 펼쳐져 있는 바다와

모든 부처님바다 또한 가없음을

불자들을 위하여 다 보여주소서.

생각을 길이 벗어난 온갖 바라밀바다와

널리 해탈에 들어가는 방편바다와

있는 바 일체 법문바다를

이 도량 가운데서 말씀해주소서.

이시   세존   지제보살심지소념   즉어면
爾時에 世尊이 知諸菩薩心之所念하사 卽於面

문중치지간   방불찰미진수광명
門衆齒之間에 放佛刹微塵數光明하시니라

소위중보화변조광명   출종종음장엄법계
所謂衆寶華徧照光明과 出種種音莊嚴法界

광명   수포미묘운광명   시방불좌도량현
光明과 垂布微妙雲光明과 十方佛坐道場現

신변광명   일체보염운개광명   충만법계
神變光明과 一切寶燄雲蓋光明과 充滿法界

무애광명   변장엄일체불찰광명   형건립
無礙光明과 徧莊嚴一切佛刹光明과 逈建立

청정금강보당광명   보장엄보살중회도량
淸淨金剛寶幢光明과 普莊嚴菩薩衆會道場

광명   묘음칭양일체불명호광명
光明과 妙音稱揚一切佛名号光明이니라

그 때에 세존께서 모든 보살들의 마음에 생각하는 바를 아시고, 곧 입과 여러 치아 사이에서 부처님 세계 미진수의 광명을 놓으셨다.

이른바 온갖 보배꽃이 두루 비추는 광명과 갖가지 소리를 내어 법계를 장엄하는 광명과 미묘한 구름을 드리우는 광명과 시방의 부처님께서 도량에 앉아 신통변화를 나타내시는 광명과 일체 보배 불꽃구름 일산 광명과 법계에 충만한 걸림 없는 광명과 일체 부처님 세계를 두루 장엄하는 광명과 청정한 금강보배 깃대를 멀리 건립하는 광명과 보살들의 대중모임 도량을 널리 장엄하는 광명과 묘음으로 일

여시등불찰미진수　　일일부유불찰미진수
如是等佛刹微塵數가　一一復有佛刹微塵數

광명　　이위권속　　기광　실구중묘보색
光明하야　以爲眷屬하고　其光이　悉具衆妙寶色하야

보조시방각일억불찰미진수세계해　　피세
普照十方各一億佛刹微塵數世界海하시니　彼世

계해제보살중　　어광명중　　각득견차화장
界海諸菩薩衆이　於光明中에　各得見此華藏

장엄세계해
莊嚴世界海하니라

이불신력　　기광　어피일체보살중회지전
以佛神力으로　其光이　於彼一切菩薩衆會之前에

이설송언
而說頌言하니라

체 부처님 명호를 칭양하는 광명이었다.

이와 같은 부처님 세계 미진수가 낱낱이 또 부처님 세계 미진수의 광명으로 권속을 삼고, 그 광명이 모두 온갖 미묘한 보배 색을 갖추어서 시방으로 각각 일억 부처님 세계 미진수의 세계바다를 널리 비추니, 그 세계바다의 모든 보살 대중들이 광명 가운데서 각각 이 화장장엄세계해를 볼 수 있었다.

부처님의 위신력으로 그 광명이 저 일체 보살 대중모임 앞에서 게송을 설하여 말씀하였다.

무량겁중수행해
無量劫中修行海에

공양시방제불해
供養十方諸佛海하시며

화도일체중생해
化度一切衆生海일새

금성묘각변조존
今成妙覺徧照尊이로다

모공지중출화운
毛孔之中出化雲이여

광명보조어시방
光明普照於十方하사

응수화자함개각
應受化者咸開覺하야

영취보리정무애
令趣菩提淨無礙로다

불석왕래제취중
佛昔往來諸趣中하사

교화성숙제군생
敎化成熟諸群生하사대

신통자재무변량
神通自在無邊量하야

일념개령득해탈
一念皆令得解脫이로다

한량없는 겁 동안 수행바다에서
시방의 모든 부처님바다에 공양하시며
일체 중생바다를 교화 제도하셔서
이제 묘각의 변조존을 이루셨도다.

모공 가운데서 나온 변화한 구름이여
광명이 시방을 널리 비추어
마땅히 교화를 받을 이는 모두 깨달아서
보리에 나아가 청정하여 걸림이 없게 하시도다.

부처님께서 옛적에 여러 갈래에 왕래하시어
모든 중생들을 교화하여 성숙하게 하시니
신통이 자재하고 한량없으셔서
한 생각에 다 해탈을 얻게 하시도다.

마니묘보보리수
摩尼妙寶菩提樹가

종종장엄실수특
種種莊嚴悉殊特이어든

불어기하성정각
佛於其下成正覺하사

방대광명보위요
放大光明普威耀로다

대음진후변시방
大音震吼徧十方하사

보위홍선적멸법
普爲弘宣寂滅法하사대

수제중생심소락
隨諸衆生心所樂하야

종종방편영개효
種種方便令開曉로다

왕수제도개원만
往修諸度皆圓滿하사대

등어천찰미진수
等於千刹微塵數하사

일체제력실이성
一切諸力悉已成하시니

여등응왕동첨례
汝等應往同瞻禮어다

마니의 미묘한 보배 보리수가
갖가지 장엄이 모두 특수한데
부처님께서 그 아래에서 정각을 이루셔서
큰 광명을 놓아 널리 비추시도다.

큰 음성을 온 시방에 떨치셔서
널리 적멸법을 크게 펴시되
모든 중생들의 마음에 즐기는 바를 따라서
갖가지 방편으로 깨닫게 하시도다.

옛적에 모든 바라밀을 닦아서 다 원만히 하시되
일천 세계 미진수와 같게 하셔서
일체 모든 힘을 다 이미 이루셨으니
그대들은 가서 함께 우러러 예배할지어다.

시방불자등찰진
十方佛子等刹塵이

실공환희이래집
悉共歡喜而來集하야

이우제운위공양
已雨諸雲爲供養하고

금재불전전근앙
今在佛前專覲仰이로다

여래일음무유량
如來一音無有量하사

능연계경심대해
能演契經深大海하사

보우묘법응군심
普雨妙法應群心하시니

피양족존의왕견
彼兩足尊宜往見이어다

삼세제불소유원
三世諸佛所有願을

보리수하개선설
菩提樹下皆宣說하사대

일찰나중실현전
一刹那中悉現前하시니

여가속예여래소
汝可速詣如來所어다

시방의 세계 티끌 수 같은 불자들이

다 함께 환희하며 모여 와서

모든 구름을 비 내려 공양올리고

이제 부처님 앞에서 오로지 우러러보도다.

여래의 한 음성이 한량없으시어

경전의 깊고 큰 바다를 능히 연설하셔서

묘법을 널리 비 내려 중생들의 마음에 응하시니

저 양족존께 마땅히 가서 친견할지어다.

삼세 모든 부처님의 원을

보리수 아래에서 다 연설하시되

한 찰나 동안 모두 앞에 나타내시니

그대들은 속히 여래의 처소에 나아갈지어다.

비로자나대지해
毗盧遮那大智海여

면문서광무불견
面門舒光無不見이라

금대중집장연음
今待衆集將演音하시러니

여가왕관문소설
汝可往觀聞所說이어다

이시 시방세계해일체중회 몽불광명 소
爾時에 十方世界海一切衆會가 蒙佛光明의 所

개각이 각공래예비로자나여래소 친
開覺已하고 各共來詣毗盧遮那如來所하야 親

근공양
近供養하니라

소위차화장장엄세계해동 차유세계해
所謂此華藏莊嚴世界海東에 次有世界海하니

명청정광연화장엄 피세계종중 유국
名淸淨光蓮華莊嚴이요 彼世界種中에 有國

비로자나 부처님의 큰 지혜바다시여
입에서 광명을 놓아 보지 못함이 없음이라
이제 대중 모이기를 기다려 법음을 연설하시리니
그대들은 가서 뵙고 설법을 들을지어다.

그 때에 시방 세계바다의 일체 회중이 부처
님께서 광명으로 깨우쳐 주심을 입고 나서, 각
각 비로자나여래의 처소에 함께 와서 친근하
고 공양올렸다.

이른바 이 화장장엄세계바다의 동방에 다음
세계바다가 있으니 이름이 청정광연화장엄이
고, 그 세계종 가운데 국토가 있으니 이름이

토 　 명마니영락금강장 　 불호 　 법수각
土하니 名摩尼瓔珞金剛藏이요 佛号는 法水覺

허공무변왕
虛空無邊王이시니라

어피여래대중해중 　 유보살마하살 　 명관
於彼如來大衆海中에 有菩薩摩訶薩하니 名觀

찰승법연화당 　 여세계해미진수제보살
察勝法蓮華幢이라 與世界海微塵數諸菩薩로

구 　 래예불소 　 각현십종보살신상운
俱하야 來詣佛所하사 各現十種菩薩身相雲하야

변만허공 　 이불산멸
徧滿虛空하야 而不散滅이리라

부현십종우일체보련화광명운 　 부현십종
復現十種雨一切寶蓮華光明雲하며 復現十種

수미보봉운 　 부현십종일륜광운 　 부현
須彌寶峰雲하며 復現十種日輪光雲하며 復現

마니영락금강장이며, 부처님의 명호는 법수각 허공무변왕이시다.

그 여래의 대중바다 가운데 보살마하살이 있으니 이름이 관찰승법연화당이다. 세계바다 미진수의 모든 보살들과 함께 부처님 처소에 와서, 각각 열 가지 보살의 몸모양구름을 나타내어 허공에 두루 가득하여 흩어져 없어지지 아니하였다.

또 열 가지 일체 보배 연꽃을 비 내리는 광명구름을 나타내며, 또 열 가지 수미산 보배 봉우리구름을 나타내며, 또 열 가지 햇빛구름을 나타내며, 또 열 가지 보배 꽃 영락구름을

십종보화영락운　부현십종일체음악운
十種寶華瓔珞雲하며　復現十種一切音樂雲하며

부현십종말향수운　부현십종도향소향중
復現十種末香樹雲하며　復現十種塗香燒香衆

색상운　부현십종일체향수운
色相雲하며　復現十種一切香樹雲하니라

여시등세계해미진수제공양운　실변허공
如是等世界海微塵數諸供養雲이　悉徧虛空하야

이불산멸
而不散滅이러라

현시운이　향불작례　이위공양　즉어동
現是雲已에　向佛作禮하사　以爲供養하고　卽於東

방　각화작종종화광명장사자지좌　어기
方에　各化作種種華光明藏師子之座하야　於其

좌상　결가부좌
座上에　結跏趺坐하시니라

나타내며, 또 열 가지 일체 음악구름을 나타내며, 또 열 가지 가루향 나무구름을 나타내며, 또 열 가지 바르는 향과 사르는 향과 온갖 색상구름을 나타내며, 또 열 가지 일체 향나무구름을 나타내었다.

이와 같은 세계바다 미진수의 모든 공양구름이 다 허공에 두루하여 흩어져 없어지지 아니하였다.

이러한 구름을 나타내고 나서 부처님을 향하여 예배하며 공양올리고, 곧 동방에 각각 갖가지 꽃 광명장 사자좌를 변화하여 만들고 그 자리 위에 결가부좌하였다.

차 화 장 세 계 해 남　　차 유 세 계 해　　　명 일 체 보
此華藏世界海南에　次有世界海하니　名一切寶

월 광 명 장 엄 장　　　피 세 계 종 중　　유 국 토　　　명
月光明莊嚴藏이요　彼世界種中에　有國土하니　名

무 변 광 원 만 장 엄　　　불 호　　보 지 광 명 덕 수 미
無邊光圓滿莊嚴이요　佛号는　普智光明德須彌

왕
王이시니라

어 피 여 래 대 중 해 중　　　유 보 살 마 하 살　　　명 보
於彼如來大衆海中에　有菩薩摩訶薩하니　名普

조 법 해 혜　　여 세 계 해 미 진 수 제 보 살　　구
照法海慧라　與世界海微塵數諸菩薩로　俱하야

래 예 불 소　　　각 현 십 종 일 체 장 엄 광 명 장 마
來詣佛所하사　各現十種一切莊嚴光明藏摩

니 왕 운　　　변 만 허 공　　　이 불 산 멸
尼王雲하야　徧滿虛空하야　而不散滅이러라

이 화장세계바다의 남방에 다음 세계바다가 있으니 이름이 일체보월광명장엄장이고, 그 세계종 가운데 국토가 있으니 이름이 무변광원만장엄이며, 부처님의 명호는 보지광명덕수미왕이시다.

그 여래의 대중바다 가운데 보살마하살이 있으니 이름이 보조법해혜이다. 세계바다 미진수의 모든 보살들과 함께 부처님 처소에 와서, 각각 열 가지 일체 장엄의 광명장 마니왕구름을 나타내어 허공에 두루 가득하여 흩어져 없어지지 아니하였다.

또 열 가지 일체 보배 장엄구를 비 내려 널

부현십종우일체보장엄구보조요마니왕운
復現十種雨一切寶莊嚴具普照耀摩尼王雲하며

부현십종보염치연칭양불명호마니왕운
復現十種寶燄熾然稱揚佛名号摩尼王雲하며

부현십종설일체불법마니왕운
復現十種說一切佛法摩尼王雲하니라

부현십종중묘수장엄도량마니왕운   부현
復現十種眾妙樹莊嚴道場摩尼王雲하며 復現

십종보광보조현중화불마니왕운   부현십
十種寶光普照現眾化佛摩尼王雲하며 復現十

종보현일체도량장엄상마니왕운
種普現一切道場莊嚴像摩尼王雲하시니라

부현십종밀염등설제불경계마니왕운   부
復現十種密燄燈說諸佛境界摩尼王雲하며 復

현십종부사의불찰궁전상마니왕운   부현
現十種不思議佛刹宮殿像摩尼王雲하며 復現

리 비추는 마니왕구름을 나타내며, 또 열 가지 보배 불꽃이 치성하여 부처님 명호를 칭양하는 마니왕구름을 나타내며, 또 열 가지 일체 부처님의 법을 설하는 마니왕구름을 나타내었다.

또 열 가지 온갖 묘한 나무로 도량을 장엄하는 마니왕구름을 나타내며, 또 열 가지 보배 광명이 널리 비추어 온갖 화신 부처님을 나타내는 마니왕구름을 나타내며, 또 열 가지 일체 도량의 장엄한 형상을 널리 나타내는 마니왕구름을 나타내었다.

또 열 가지 비밀한 불꽃등이 모든 부처님의

십종보현삼세불신상마니왕운
十種普現三世佛身像摩尼王雲하시니라

여시등세계해미진수마니왕운　　실변허공
如是等世界海微塵數摩尼王雲이　**悉徧虛空**하야

이불산멸
而不散滅이러라

현시운이　　향불작례　　이위공양　　즉어
現是雲已에　**向佛作禮**하사　**以爲供養**하고　**卽於**

남방　　각화작제청보염부단금연화장사자
南方에　**各化作帝靑寶閻浮檀金蓮華藏師子**

지좌　　어기좌상　　결가부좌
之座하야　**於其座上**에　**結跏趺坐**하시니라

경계를 설하는 마니왕구름을 나타내며, 또 열 가지 부사의한 부처님 세계의 궁전 형상인 마니왕구름을 나타내며, 또 열 가지 삼세 부처님의 몸 형상을 널리 나타내는 마니왕구름을 나타내었다.

이와 같은 세계바다 미진수의 마니왕구름이 모두 허공에 두루하여 흩어져 없어지지 아니하였다.

이러한 구름을 나타내고 나서 부처님을 향하여 예배하며 공양올리고, 곧 남방에 각각 제청 보배 염부단금 연화장 사자좌를 변화하여 만들고 그 자리 위에 결가부좌하였다.

차화장세계해서　차유세계해　　명가애락
此華藏世界海西에 次有世界海하니 名可愛樂

보광명　　피세계종중　　유국토　　명출생상
寶光明이요 彼世界種中에 有國土하니 名出生上

묘자신구　　불호　향염공덕보장엄
妙資身具요 佛号는 香燄功德寶莊嚴이시니라

어피여래대중해중　　유보살마하살　　명월
於彼如來大衆海中에 有菩薩摩訶薩하니 名月

광향염보장엄　　여세계해미진수제보살
光香燄普莊嚴이라 與世界海微塵數諸菩薩로

구　　래예불소　　각현십종일체보향중묘
俱하야 來詣佛所하사 各現十種一切寶香衆妙

화누각운　　변만허공　　이불산멸
華樓閣雲하야 徧滿虛空하야 而不散滅이러라

부현십종무변색상중보왕누각운　　부현십
復現十種無邊色相衆寶王樓閣雲하며 復現十

이 화장세계바다의 서방에 다음 세계바다가 있으니 이름이 가애락보광명이고, 그 세계종 가운데 국토가 있으니 이름이 출생상묘자신구이며, 부처님의 명호는 향염공덕보장엄이시다.

그 여래의 대중바다 가운데 보살마하살이 있으니 이름이 월광향염보장엄이다. 세계바다 미진수의 모든 보살들과 함께 부처님 처소에 와서, 각각 열 가지 일체 보배향과 온갖 묘한 꽃 누각구름을 나타내어 허공에 두루 가득하여 흩어져 없어지지 아니하였다.

또 열 가지 가없는 색상의 온갖 보배왕 누각 구름을 나타내며, 또 열 가지 보배등 향기불

종보등향염누각운　　부현십종일체진주누
種寶燈香燄樓閣雲하며　復現十種一切眞珠樓

각운　　부현십종일체보화누각운　　부현
閣雲하며　復現十種一切寶華樓閣雲하며　復現

십종보영락장엄누각운
十種寶瓔珞莊嚴樓閣雲하시니라

부현십종보현시방일체장엄광명장누각운
復現十種普現十方一切莊嚴光明藏樓閣雲하며

부현십종중보말간착장엄누각운　　부현십
復現十種衆寶末閒錯莊嚴樓閣雲하며　復現十

종중보주변시방일체장엄누각운　　부현십
種衆寶周徧十方一切莊嚴樓閣雲하며　復現十

종화문탁망누각운
種華門鐸網樓閣雲하시니라

여시등세계해미진수누각운　　실변허공
如是等世界海微塵數樓閣雲이　悉徧虛空하야

꽃 누각구름을 나타내며, 또 열 가지 일체 진주 누각구름을 나타내며, 또 열 가지 일체 보배 꽃 누각구름을 나타내며, 또 열 가지 보배 영락장엄 누각구름을 나타내었다.

또 열 가지 시방에 널리 나타나는 일체 장엄 광명장 누각구름을 나타내며, 또 열 가지 온갖 보배가루로 사이사이에 장엄한 누각구름을 나타내며, 또 열 가지 온갖 보배로 시방에 두루한 일체 장엄 누각구름을 나타내며, 또 열 가지 꽃 문의 방울그물 누각구름을 나타내었다.

이와 같은 세계바다 미진수의 누각구름이

이불산멸
而不散滅이러라

현시운이　　향불작례　　이위공양　　즉어
現是雲已에 向佛作禮하사 以爲供養하고 卽於

서방　　각화작진금엽대보장사자지좌　　　어
西方에 各化作眞金葉大寶藏師子之座하야 於

기좌상　　결가부좌
其座上에 結跏趺坐하시니라

차화장세계해북　　차유세계해　　　명비유리
此華藏世界海北에 次有世界海하니 名毗瑠璃

연화광원만장　　피세계종중　　유국토　　　명
蓮華光圓滿藏이요 彼世界種中에 有國土하니 名

우발라화장엄　　불호　　보지당음왕
優鉢羅華莊嚴이요 佛号는 普智幢音王이시니라

다 허공에 두루하여 흩어져 없어지지 아니하였다.

이러한 구름을 나타내고 나서 부처님을 향하여 예배하며 공양올리고 곧 서방에 각각 진금엽 대보장 사자좌를 변화하여 만들고, 그 자리 위에 결가부좌하였다.

이 화장세계바다의 북방에 다음 세계바다가 있으니 이름이 비유리연화광원만장이고, 그 세계종 가운데 국토가 있으니 이름이 우발라화장엄이며, 부처님의 명호는 보지당음왕이시다.

어피여래대중해중　　유보살마하살　　명사
於彼如來大衆海中에　有菩薩摩訶薩하니　名師

자분신광명　　여세계해미진수제보살　구
子奮迅光明이라　與世界海微塵數諸菩薩로　俱하야

래예불소　　각현십종일체향마니중묘수
來詣佛所하사　各現十種一切香摩尼衆妙樹

운　　변만허공　　이불산멸
雲하야　徧滿虛空하야　而不散滅이러라

부현십종밀엽묘향장엄수운　　부현십종화
復現十種密葉妙香莊嚴樹雲하며　復現十種化

현일체무변색상수장엄수운　　부현십종일
現一切無邊色相樹莊嚴樹雲하며　復現十種一

체화주포장엄수운　　부현십종일체보염원
切華周布莊嚴樹雲하며　復現十種一切寶燄圓

만광장엄수운
滿光莊嚴樹雲하시니라

그 여래의 대중바다 가운데 보살마하살이 있으니 이름이 사자분신광명이다. 세계바다 미진수의 모든 보살들과 함께 부처님 처소에 와서 각각 열 가지 일체 향마니로 된 온갖 묘한 나무구름을 나타내어 허공에 두루 가득하여 흩어져 없어지지 아니하였다.

또 열 가지 무성한 잎의 묘한 향기로 장엄한 나무구름을 나타내며, 또 열 가지 일체 가없는 색상의 나무 장엄을 화현하는 나무구름을 나타내며, 또 열 가지 일체 꽃으로 두루 펼쳐 장엄한 나무구름을 나타내며, 또 열 가지 일체 보배 불꽃의 원만한 광명으로 장엄한 나무

부현십종현일체전단향보살신장엄수운
復現十種現一切栴檀香菩薩身莊嚴樹雲하며

부현십종현왕석도량처부사의장엄수운
復現十種現往昔道場處不思議莊嚴樹雲하며

부현십종중보의복장여일광명수운　　　부현
復現十種衆寶衣服藏如日光明樹雲하며　復現

십종보발일체열의음성수운
十種普發一切悅意音聲樹雲하시니라

여시등세계해미진수수운　　실변허공　　　이
如是等世界海微塵數樹雲이　悉徧虛空하야　而

불산멸
不散滅이러라

현시운이　　향불작례　　이위공양　　즉어
現是雲已에　向佛作禮하사　以爲供養하고　卽於

북방　각화작마니등연화장사자지좌　　　어
北方에　各化作摩尼燈蓮華藏師子之座하야　於

구름을 나타내었다.

또 열 가지 일체 전단향보살 몸을 나타내어 장엄하는 나무구름을 나타내며, 또 열 가지 지난 옛적의 도량 처소가 부사의함을 나타내어 장엄하는 나무구름을 나타내며, 또 열 가지 온갖 보배 의복 창고가 햇빛처럼 밝은 나무구름을 나타내며, 또 열 가지 일체 뜻에 기쁜 음성을 널리 내는 나무구름을 나타내었다.

이와 같은 세계바다 미진수 나무구름이 다 허공에 두루하여 흩어져 없어지지 아니하였다.

이러한 구름을 나타내고 나서 부처님을 향하여 예배하며 공양올리고, 곧 북방에 각각 마

기좌상　결가부좌
其座上에 結跏趺坐하시니라

차화장세계해동북방　차유세계해　　명 염
此華藏世界海東北方에 次有世界海하니 名閻

부단금파려색당　　피세계종중　유국토
浮檀金玻瓈色幢이요 彼世界種中에 有國土하니

명중보장엄　　불호　일체법무외등
名衆寶莊嚴이요 佛号는 一切法無畏燈이시니라

어피여래대중해중　유보살마하살　　명최
於彼如來大衆海中에 有菩薩摩訶薩하니 名最

승광명등무진공덕장　　여세계해미진수
勝光明燈無盡功德藏이라 與世界海微塵數

제보살　구　　래예불소　각현십종무변
諸菩薩로 俱하야 來詣佛所하사 各現十種無邊

니등 연화장 사자좌를 변화하여 만들고 그 자리 위에 결가부좌하였다.

이 화장세계바다의 동북방에 다음 세계바다가 있으니 이름이 염부단금파려색당이고, 그 세계종 가운데 국토가 있으니 이름이 중보장엄이며, 부처님의 명호는 일체법무외등이시다.

그 여래의 대중바다 가운데 보살마하살이 있으니 이름이 최승광명등무진공덕장이다. 세계바다 미진수의 모든 보살들과 함께 부처님 처소에 와서, 각각 열 가지 가없는 색상의 보련화장 사자좌구름을 나타내어 허공에 두루

색상보련화장사자좌운　　　변만허공　　　이
色相寶蓮華藏師子座雲하야　徧滿虛空하야　而

불산멸
不散滅이러라

부현십종마니왕광명장사자좌운　　　부현십
復現十種摩尼王光明藏師子座雲하며　復現十

종일체장엄구종종교식사자좌운　　　부현십
種一切莊嚴具種種校飾師子座雲하며　復現十

종중보만등염장사자좌운　　　부현십종보우
種衆寶鬘燈燄藏師子座雲하며　復現十種普雨

보영락사자좌운　　　부현십종일체향화보영
寶瓔珞師子座雲하며　復現十種一切香華寶瓔

락장사자좌운
珞藏師子座雲하시니라

부현십종시현일체불좌장엄마니왕장사자
復現十種示現一切佛座莊嚴摩尼王藏師子

가득하여 흩어져 없어지지 아니하였다.

또 열 가지 마니왕광명장 사자좌구름을 나타내며, 또 열 가지 일체 장엄거리로써 갖가지로 장식한 사자좌구름을 나타내며, 또 열 가지 온갖 보배로 된 화만등불꽃장 사자좌구름을 나타내며, 또 열 가지 보배 영락을 널리 비내리는 사자좌구름을 나타내며, 또 열 가지 일체 향기 나는 꽃 보배영락장 사자좌구름을 나타내었다.

또 열 가지 일체 부처님 자리의 장엄을 나타내 보이는 마니왕장 사자좌구름을 나타내며, 또 열 가지 문과 창과 섬돌과 그리고 모든 영

좌운　　　부현십종호유계체급제영락일체
座雲하며 復現十種戶牖階砌及諸瓔珞一切

장엄사자좌운　　　부현십종일체마니수보지
莊嚴師子座雲하며 復現十種一切摩尼樹寶枝

경장사자좌운　　　부현십종보향간식일광명
莖藏師子座雲하며 復現十種寶香閒飾日光明

장사자좌운
藏師子座雲하시니라

여시등세계해미진수사자좌운　　　실변허공
如是等世界海微塵數師子座雲이 悉徧虛空하야

이불산멸
而不散滅이러라

현시운이　　　향불작례　　　이위공양　　　즉어동
現是雲已에 向佛作禮하사 以爲供養하고 卽於東

북방　　　각화작보련화마니광당사자지좌
北方에 各化作寶蓮華摩尼光幢師子之座하야

락으로 일체를 장엄한 사자좌구름을 나타내며, 또 열 가지 일체 마니로 된 나무의 보배가지와 줄기 창고 사자좌구름을 나타내며, 또 열 가지 보배 향으로 사이사이에 장식한 일광명장 사자좌구름을 나타내었다.

이와 같은 세계바다 미진수 사자좌구름이 다 허공에 두루하여 흩어져 없어지지 아니하였다.

이러한 구름을 나타내고 나서 부처님을 향하여 예배하며 공양올리고, 곧 동북방에 각각 보배 연꽃 마니광명깃대 사자좌를 변화하여 만들고 그 자리 위에 결가부좌하였다.

어기좌상　결가부좌
於其座上에 **結跏趺坐**하시니라

차화장세계해동남방　차유세계해　명금
此華藏世界海東南方에 **次有世界海**하니 **名金**

장엄유리광보조　피세계종중　유국토
莊嚴瑠璃光普照요 **彼世界種中**에 **有國土**하니

명청정향광명　불호　보희심신왕
名清淨香光明이요 **佛号**는 **普喜深信王**이시니라

어피여래대중해중　유보살마하살　명혜
於彼如來大衆海中에 **有菩薩摩訶薩**하니 **名慧**

등보명　여세계해미진수제보살　구
燈普明이라 **與世界海微塵數諸菩薩**로 **俱**하야

래예불소　각현십종일체여의왕마니장
來詣佛所하사 **各現十種一切如意王摩尼帳**

이 화장세계바다의 동남방에 다음 세계바다가 있으니 이름이 금장엄유리광보조이고, 그 세계종 가운데 국토가 있으니 이름이 청정향광명이며, 부처님의 명호는 보희심신왕이시다.

그 여래의 대중바다 가운데 보살마하살이 있으니 이름이 혜등보명이다. 세계바다 미진수의 모든 보살들과 함께 부처님 처소에 와서 각각 열 가지 일체 여의왕 마니 휘장구름을 나타내어 허공에 두루 가득하여 흩어져 없어지지 아니하였다.

또 열 가지 제청 보배와 일체 꽃으로 장엄한 휘장구름을 나타내며, 또 열 가지 일체 향 마

운 변만허공 이불산멸
雲_{하야} 徧滿虛空_{하야} 而不散滅_{이러라}

부현십종제청보일체화장엄장운 부현십
復現十種帝靑寶一切華莊嚴帳雲_{하며} 復現十

종일체향마니장운 부현십종보염등장
種一切香摩尼帳雲_{하며} 復現十種寶燄燈帳

운 부현십종시현불신통설법마니왕장
雲_{하며} 復現十種示現佛神通說法摩尼王帳

운 부현십종현일체의복장엄색상마니장
雲_{하며} 復現十種現一切衣服莊嚴色像摩尼帳

운 부현십종일체보화총광명장운 부
雲_{하며} 復現十種一切寶華叢光明帳雲_{하며} 復

현십종보망영탁음장운 부현십종마니위
現十種寶網鈴鐸音帳雲_{하며} 復現十種摩尼爲

대연화위망장운 부현십종현일체부사의
臺蓮華爲網帳雲_{하며} 復現十種現一切不思議

니 휘장구름을 나타내며, 또 열 가지 보배불 꽃등 휘장구름을 나타내며, 또 열 가지 부처님의 신통과 설법을 나타내 보이는 마니왕 휘장구름을 나타내며, 또 열 가지 일체 의복의 장엄한 색상을 나타내는 마니 휘장구름을 나타내었다.

또 열 가지 일체 보배 꽃 무더기의 광명 휘장구름을 나타내며, 또 열 가지 보배그물 풍경소리 휘장구름을 나타내며, 또 열 가지 마니로 좌대가 되고 연꽃으로 그물이 된 휘장구름을 나타내며, 또 열 가지 일체 부사의한 장엄구 색상을 나타내는 휘장구름을 나타내었다.

장엄구색상장운
莊嚴具色像帳雲하시나라

여시등세계해미진수중보장운　실변허공
如是等世界海微塵數衆寶帳雲이 **悉徧虛空**하야

이불산멸
而不散滅이러라

현시운이　향불작례　이위공양　즉어동
現是雲已에 **向佛作禮**하사 **以爲供養**하고 **卽於東**

남방　각화작보련화장사자지좌　어기좌
南方에 **各化作寶蓮華藏師子之座**하야 **於其座**

상　결가부좌
上에 **結跏趺坐**하시나라

차화장세계해서남방　차유세계해　명왈
此華藏世界海西南方에 **次有世界海**하니 **名日**

이와 같은 세계바다 미진수의 온갖 보배 휘장구름이 다 허공에 두루하여 흩어져 없어지지 아니하였다.

이러한 구름을 나타내고 나서 부처님을 향하여 예배하며 공양올리고, 곧 동남방에 각각 보배연화장 사자좌를 변화하여 만들고 그 자리 위에 결가부좌하였다.

이 화장세계바다의 서남방에 다음 세계바다가 있으니 이름이 일광변조이고, 그 세계종 가운데 국토가 있으니 이름이 사자일광명이며, 부처님의 명호는 보지광명음이시다.

광변조　피세계종중　유국토　명사자일
光徧照요 彼世界種中에 有國土하니 名師子日

광명　불호　보지광명음
光明이요 佛号는 普智光明音이시니라

어피여래대중해중　유보살마하살　명보
於彼如來大衆海中에 有菩薩摩訶薩하니 名普

화광염계　여세계해미진수제보살　구
華光燄髻라 與世界海微塵數諸菩薩로 俱하야

래예불소　각현십종중묘장엄보개운
來詣佛所하사 各現十種衆妙莊嚴寶蓋雲하야

변만허공　이불산멸
徧滿虛空하야 而不散滅이러라

부현십종광명장엄화개운　부현십종무변
復現十種光明莊嚴華蓋雲하며 復現十種無邊

색진주장개운　부현십종출일체보살비민
色眞珠藏蓋雲하며 復現十種出一切菩薩悲愍

그 여래의 대중바다 가운데 보살마하살이 있으니 이름이 보화광염계이다. 세계바다 미진수의 모든 보살들과 함께 부처님 처소에 와서, 각각 열 가지 온갖 미묘하게 장엄한 보배 일산구름을 나타내어 허공에 두루 가득하여 흩어져 없어지지 아니하였다.

또 열 가지 광명으로 장엄한 꽃 일산구름을 나타내며, 또 열 가지 가없는 빛 진주창고 일산구름을 나타내며, 또 열 가지 일체 보살의 불쌍히 여기는 음성을 내는 마니왕 일산구름을 나타내며, 또 열 가지 온갖 미묘한 보배불꽃화만 일산구름을 나타내며, 또 열 가지 묘

음마니왕개운
音摩尼王蓋雲하며　復現十種衆妙寶燄鬘蓋

운
雲하며　復現十種妙寶嚴飾垂網鐸蓋雲하시니라

부현십종마니수지장엄개운　　부현십종일
復現十種摩尼樹枝莊嚴蓋雲하며　復現十種日

광보조마니왕개운　　부현십종일체도향소
光普照摩尼王蓋雲하며　復現十種一切塗香燒

향개운　　부현십종전단장개운　　부현십
香蓋雲하며　復現十種栴檀藏蓋雲하며　復現十

종광대불경계보광명장엄개운
種廣大佛境界普光明莊嚴蓋雲하시니라

여시등세계해미진수중보개운　실변허공
如是等世界海微塵數衆寶蓋雲이　悉徧虛空하야

이불산멸
而不散滅이러라

한 보배로 장엄한 그물방울을 드리운 일산구름을 나타내었다.

또 열 가지 마니나뭇가지로 장엄한 일산구름을 나타내며, 또 열 가지 햇빛이 널리 비치는 마니왕 일산구름을 나타내며, 또 열 가지 일체 바르는 향과 사르는 향 일산구름을 나타내며, 또 열 가지 전단창고 일산구름을 나타내며, 또 열 가지 광대한 부처님 경계의 넓은 광명으로 장엄한 일산구름을 나타내었다.

이와 같은 세계바다 미진수의 온갖 보배 일산구름이 다 허공에 두루하여 흩어져 없어지지 아니하였다.

현시운이　향불작례　이위공양　즉어
現是雲已에　向佛作禮하사　以爲供養하고　卽於

서남방　각화작제청보광염장엄장사자지
西南方에　各化作帝靑寶光燄莊嚴藏師子之

좌　어기좌상　결가부좌
座하야　於其座上에　結跏趺坐하시니라

차화장세계해서북방　차유세계해　명보
此華藏世界海西北方에　次有世界海하니　名寶

광조요　피세계종중　유국토　명중향장
光照耀요　彼世界種中에　有國土하니　名衆香莊

엄　불호　무량공덕해광명
嚴이요　佛号는　無量功德海光明이시니라

어피여래대중해중　유보살마하살　명무
於彼如來大衆海中에　有菩薩摩訶薩하니　名無

이러한 구름을 나타내고 나서 부처님을 향하여 예배하며 공양올리고, 곧 서남방에 각각 제청 보배 광염장엄장 사자좌를 변화하여 만들고 그 자리 위에 결가부좌하였다.

이 화장세계바다의 서북방에 다음 세계바다가 있으니 이름이 보광조요이고, 그 세계종 가운데 국토가 있으니 이름이 중향장엄이며, 부처님의 명호는 무량공덕해광명이시다.

그 여래의 대중바다 가운데 보살마하살이 있으니 이름이 무진광마니왕이다. 세계바다 미진수의 모든 보살들과 함께 부처님 처소에 와서, 각각 열 가지 일체 보배가 원만한 광명

진광마니왕　　　여세계해미진수제보살
盡光摩尼王이라 與世界海微塵數諸菩薩로

구　　래예불소　　각현십종일체보원만광
俱하야 來詣佛所하사 各現十種一切寶圓滿光

운　　변만허공　　이불산멸
雲하야 徧滿虛空하야 而不散滅이러라

부현십종일체보염원만광운　　부현십종일
復現十種一切寶燄圓滿光雲하며 復現十種一

체묘화원만광운　　부현십종일체화불원만
切妙華圓滿光雲하며 復現十種一切化佛圓滿

광운　　부현십종시방불토원만광운　　부
光雲하며 復現十種十方佛土圓滿光雲하며 復

현십종불경계뇌성보수원만광운
現十種佛境界雷聲寶樹圓滿光雲하시니라

부현십종일체유리보마니왕원만광운　　부
復現十種一切瑠璃寶摩尼王圓滿光雲하며 復

구름을 나타내어 허공에 두루 가득하여 흩어
져 없어지지 아니하였다.

또 열 가지 일체 보배불꽃이 원만한 광명구름
을 나타내며, 또 열 가지 일체 묘한 꽃이 원만한
광명구름을 나타내며, 또 열 가지 일체 화신 부
처님의 원만한 광명구름을 나타내며, 또 열 가
지 시방 부처님 국토가 원만한 광명구름을 나
타내며, 또 열 가지 부처님 경계의 우레 소리 나
는 보배나무가 원만한 광명구름을 나타내었다.

또 열 가지 일체 유리보배마니왕이 원만한
광명구름을 나타내며, 또 열 가지 한 생각 가
운데 가없는 중생들의 모습을 나타냄이 원만

현 십종 일념 중현 무변 중생 상원 만광운　　부
現十種一念中現無邊衆生相圓滿光雲하며　復

현 십종 연 일 체 여래 대원 음원 만광운　　부현
現十種演一切如來大願音圓滿光雲하며　復現

십종 연화 일체 중생 음 마니 왕원 만광운
十種演化一切衆生音摩尼王圓滿光雲하시니라

여시 등 세계 해 미 진 수원 만광운　　실변 허공
如是等世界海微塵數圓滿光雲이　悉徧虛空하야

이불 산멸
而不散滅이러라

현시 운이　　향불 작례　　이위 공양　　즉어
現是雲已에　向佛作禮하사　以爲供養하고　卽於

서북방　　각화 작무 진광 명위 덕 장 사자 지좌
西北方에　各化作無盡光明威德藏師子之座하야

어기 좌상　　결 가부 좌
於其座上에　結跏趺坐하시니라

한 광명구름을 나타내며, 또 열 가지 일체 여래의 큰 서원의 음성을 펴는 원만한 광명구름을 나타내며, 또 열 가지 일체 중생을 교화하는 소리를 내는 마니왕이 원만한 광명구름을 나타내었다.

이와 같은 세계바다 미진수의 원만한 광명구름이 다 허공에 두루하여 흩어져 없어지지 아니하였다.

이러한 구름을 나타내고 나서 부처님을 향하여 예배하며 공양올리고, 곧 서북방에 각각 다함없는 광명위덕장 사자좌를 변화하여 만들고 그 자리 위에 결가부좌하였다.

차 화 장 세 계 해 하 방　　차 유 세 계 해　　　명 연 화
此華藏世界海下方에 次有世界海하니 名蓮華

향 묘 덕 장　　　피 세 계 종 중　　유 국 토　　　명 보 사
香妙德藏이요 彼世界種中에 有國土하니 名寶師

자 광 명 조 요　　불 호　　법 계 광 명
子光明照耀요 佛号는 法界光明이시니라

어 피 여 래 대 중 해 중　　　유 보 살 마 하 살　　　명 법
於彼如來大衆海中에 有菩薩摩訶薩하니 名法

계 광 염 혜　　여 세 계 해 미 진 수 제 보 살　　　구
界光燄慧라 與世界海微塵數諸菩薩로 俱하야

래 예 불 소　　　각 현 십 종 일 체 마 니 장 광 명 운
來詣佛所하사 各現十種一切摩尼藏光明雲하야

변 만 허 공　　　이 불 산 멸
徧滿虛空하야 而不散滅이러라

부 현 십 종 일 체 향 광 명 운　　　부 현 십 종 일 체 보
復現十種一切香光明雲하며 復現十種一切寶

이 화장세계바다의 하방에 다음 세계바다가 있으니 이름이 연화향묘덕장이고, 그 세계종 가운데 국토가 있으니 이름이 보사자광명조요이며, 부처님의 명호는 법계광명이시다.

그 여래의 대중바다 가운데 보살마하살이 있으니 이름이 법계광염혜이다. 세계바다 미진수의 모든 보살들과 함께 부처님 처소에 와서, 각각 열 가지 일체 마니장 광명구름을 나타내어 허공에 두루 가득하여 흩어져 없어지지 아니하였다.

또 열 가지 일체 향 광명구름을 나타내며, 또 열 가지 일체 보배 불꽃 광명구름을 나타

염광명운　　부현십종출일체불설법음광명
燄光明雲하며 復現十種出一切佛說法音光明

운　　　부현십종현일체불토장엄광명운
雲하며 復現十種現一切佛土莊嚴光明雲하며

부현십종일체묘화누각광명운
復現十種一切妙華樓閣光明雲하시니라

부현십종현일체겁중제불교화중생사광명
復現十種現一切劫中諸佛敎化衆生事光明

운　　　부현십종일체무진보화예광명운
雲하며 復現十種一切無盡寶華蘂光明雲하며

부현십종일체장엄좌광명운
復現十種一切莊嚴座光明雲하시니라

여시등세계해미진수광명운　　실변허공
如是等世界海微塵數光明雲이 悉徧虛空하야

이불산멸
而不散滅이러라

내며, 또 열 가지 일체 부처님의 설법하시는 음성을 내는 광명구름을 나타내며, 또 열 가지 일체 부처님 국토의 장엄을 나타내는 광명구름을 나타내며, 또 열 가지 일체 미묘한 꽃 누각의 광명구름을 나타내었다.

또 열 가지 일체 겁 가운데 모든 부처님께서 중생들을 교화하시는 일을 나타내는 광명구름을 나타내며, 또 열 가지 일체 다함없는 보배 꽃술 광명구름을 나타내며, 또 열 가지 일체 장엄한 자리의 광명구름을 나타내었다.

이와 같은 세계바다 미진수의 광명구름이 다 허공에 두루하여 흩어져 없어지지 아니하였다.

현시운이　향불작례　이위공양　즉어하
現是雲已에 向佛作禮하사 以爲供養하고 卽於下

방　각화작보염등연화장사자지좌　어기
方에 各化作寶燄燈蓮華藏師子之座하야 於其

좌상　결가부좌
座上에 結跏趺坐하시니라

차화장세계해상방　차유세계해　명마니
此華藏世界海上方에 次有世界海하니 名摩尼

보조요장엄　피세계종중　유국토　명무
寶照耀莊嚴이요 彼世界種中에 有國土하니 名無

상묘광명　불호　무애공덕광명왕
相妙光明이요 佛号는 無礙功德光明王이시니라

어피여래대중해중　유보살마하살　명무
於彼如來大衆海中에 有菩薩摩訶薩하니 名無

이러한 구름을 나타내고 나서 부처님을 향하여 예배하며 공양올리고, 곧 하방에 각각 보배불꽃등 연화장 사자좌를 변화하여 만들고 그 자리 위에 결가부좌하였다.

이 화장세계바다의 상방에 다음 세계바다가 있으니 이름이 마니보조요장엄이고, 그 세계종 가운데 국토가 있으니 이름이 무상묘광명이며, 부처님의 명호는 무애공덕광명왕이시다.

그 여래의 대중바다 가운데 보살마하살이 있으니 이름이 무애력정진혜이다. 세계바다 미진수의 모든 보살들과 함께 부처님 처소에 와

애력정진혜　여세계해미진수제보살　구
礙力精進慧_라 與世界海微塵數諸菩薩_로 俱_{하야}

래예불소　각현십종무변색상보광염운
來詣佛所_{하사} 各現十種無邊色相寶光燄雲_{하야}

변만허공　이불산멸
徧滿虛空_{하야} 而不散滅_{이러라}

부현십종마니보망광염운　부현십종일체
復現十種摩尼寶網光燄雲_{하며} 復現十種一切

광대불토장엄광염운　부현십종일체묘향
廣大佛土莊嚴光燄雲_{하며} 復現十種一切妙香

광염운　부현십종일체장엄광염운
光燄雲_{하며} 復現十種一切莊嚴光燄雲_{하시니라}

부현십종제불변화광염운　부현십종중묘
復現十種諸佛變化光燄雲_{하며} 復現十種衆妙

수화광염운　부현십종일체금강광염운
樹華光燄雲_{하며} 復現十種一切金剛光燄雲_{하며}

서, 각각 열 가지 가없는 색상의 보배 광명불꽃구름을 나타내어 허공에 두루 가득하여 흩어져 없어지지 아니하였다.

또 열 가지 마니보배그물 광명불꽃구름을 나타내며, 또 열 가지 일체 광대한 부처님 국토를 장엄한 광명불꽃구름을 나타내며, 또 열 가지 일체 묘한 향 광명불꽃구름을 나타내며, 또 열 가지 일체 장엄 광명불꽃구름을 나타내었다.

또 열 가지 모든 부처님의 변화이신 광명불꽃구름을 나타내며, 또 열 가지 온갖 묘한 나무와 꽃 광명불꽃구름을 나타내며, 또 열 가지 일체 금강의 광명불꽃구름을 나타내며, 또

부현십종설무변보살행마니광염운　　부현
復現十種說無邊菩薩行摩尼光焰雲하며　復現

십종일체진주등광염운
十種一切眞珠燈光焰雲하시니라

여시등세계해미진수광염운　　실변허공
如是等世界海微塵數光焰雲이　悉徧虛空하야

이불산멸
而不散滅이러라

현시운이　　향불작례　　이위공양　　즉어상
現是雲已에　向佛作禮하사　以爲供養하고　卽於上

방　　각화작연불음성광명연화장사자지좌
方에　各化作演佛音聲光明蓮華藏師子之座하야

어기좌상　　결가부좌
於其座上에　結跏趺坐하시니라

열 가지 가없는 보살행을 설하는 마니 광명불꽃구름을 나타내며, 또 열 가지 일체 진주등 광명불꽃구름을 나타내었다.

이와 같은 세계바다 미진수의 광명불꽃구름이 다 허공에 두루하여 흩어져 없어지지 아니하였다.

이러한 구름을 나타내고 나서 부처님을 향하여 예배하며 공양올리고, 곧 상방에 각각 부처님의 음성을 내는 광명인 연화장 사자좌를 변화하여 만들고 그 자리 위에 결가부좌하였다.

여시등십억불찰미진수세계해중　유십억
如是等十億佛刹微塵數世界海中에 有十億

불찰미진수보살마하살　일일각유세계해
佛刹微塵數菩薩摩訶薩이 一一各有世界海

미진수제보살중　전후위요　이래집회
微塵數諸菩薩衆의 前後圍遶하야 而來集會하사

시제보살　일일각현세계해미진수종종장
是諸菩薩이 一一各現世界海微塵數種種莊

엄제공양운　실변허공　이불산멸
嚴諸供養雲하야 悉徧虛空하야 而不散滅이러라

현시운이　향불작례　이위공양　수소
現是雲已에 向佛作禮하사 以爲供養하고 隨所

래방　각화작종종보장엄사자지좌　어
來方하야 各化作種種寶莊嚴師子之座하야 於

기좌상　결가부좌
其座上에 結跏趺坐하시니라

이와 같이 십억 부처님 세계 미진수의 세계 바다 가운데 십억 부처님 세계 미진수의 보살 마하살이 있는데, 낱낱이 각각 세계바다 미진수의 모든 보살 대중들이 있어서 앞뒤로 둘러싸고 와서 모였다. 이 모든 보살들이 낱낱이 각각 세계바다 미진수의 갖가지 장엄과 모든 공양구 구름을 나타내어서, 다 허공에 두루하여 흩어져 없어지지 아니하였다.

이러한 구름을 나타내고 나서 부처님을 향하여 예배하며 공양올리고, 온 곳의 방위를 따라서 각각 갖가지 보배로 장엄한 사자좌를 변화하여 만들고 그 자리 위에 결가부좌하였다.

여시좌이　기제보살신모공중　일일각현십
如是坐已에 其諸菩薩身毛孔中에 一一各現十

세계해미진수일체보종종색광명　일일광
世界海微塵數一切寶種種色光明하고 一一光

중　실현십세계해미진수제보살　개좌연
中에 悉現十世界海微塵數諸菩薩이 皆坐蓮

화장사자지좌
華藏師子之座하시니라

차제보살　실능변입일체법계제안립해
此諸菩薩이 悉能徧入一切法界諸安立海의

소유미진　피일일진중　개유십불세계
所有微塵하시니 彼一一塵中에 皆有十佛世界

미진수제광대찰　일일찰중　개유삼세제
微塵數諸廣大刹하고 一一刹中에 皆有三世諸

불세존　차제보살　실능변왕　친근공
佛世尊이어든 此諸菩薩이 悉能徧往하야 親近供

이와 같이 앉고 나서 그 모든 보살들 몸의 모공 가운데서 낱낱이 각각 열 세계바다 미진수의 일체 보배 갖가지 색의 광명을 나타내고, 낱낱 광명 가운데 다 열 세계바다 미진수의 모든 보살들이 다 연화장 사자좌에 앉아있음을 나타내었다.

이 모든 보살들이 다 일체 법계가 모두 펼쳐져 있는 바다의 있는 바 미진에 능히 두루 들어갔다.

그 낱낱 티끌 가운데 모두 열 부처님 세계 미진수의 모든 광대한 세계가 있고, 낱낱 세계 가운데 다 삼세의 모든 부처님 세존이 계시는

양
養하시니라

어염념중   이몽자재시현법문   개오세계
於念念中에 以夢自在示現法門으로 開悟世界

해미진수중생   염념중   이시현일체제천
海微塵數衆生하며 念念中에 以示現一切諸天

몰생법문   개오세계해미진수중생   염
歿生法門으로 開悟世界海微塵數衆生하며 念

념중   이설일체보살행법문   개오세계해
念中에 以說一切菩薩行法門으로 開悟世界海

미진수중생
微塵數衆生하니라

염념중   이보진동일체찰   탄불공덕신변
念念中에 以普震動一切刹하야 歎佛功德神變

데, 이 모든 보살들이 모두 능히 두루 가서 친근하고 공양올렸다.

생각생각 가운데 꿈을 자재하게 나타내 보이는 법문으로 세계바다 미진수의 중생들을 깨우치며, 생각생각 가운데 일체 모든 천인들이 죽고 태어나는 것을 나타내 보이는 법문으로 세계바다 미진수의 중생들을 깨우치며, 생각생각 가운데 일체 보살행을 설하는 법문으로 세계바다 미진수의 중생들을 깨우쳤다.

생각생각 가운데 널리 일체 세계를 진동하여 부처님의 공덕과 신통변화를 찬탄하는 법문으로 세계바다 미진수의 중생들을 깨우치며 생각

법문　　개오세계해미진수중생　　염념중
法門으로 開悟世界海微塵數衆生하며 念念中에

이엄정일체불국토　　　현시일체대원해법
以嚴淨一切佛國土하야 顯示一切大願海法

문　　개오세계해미진수중생
門으로 開悟世界海微塵數衆生하니라

염념중　이보섭일체중생언사불음성법문
念念中에 以普攝一切衆生言辭佛音聲法門으로

개오세계해미진수중생　　염념중　이능우
開悟世界海微塵數衆生하며 念念中에 以能雨

일체불법운법문　　개오세계해미진수중
一切佛法雲法門으로 開悟世界海微塵數衆

생　　염념중　이광명보조시방국토　　주
生하며 念念中에 以光明普照十方國土하야 周

변법계　시현신변법문　　개오세계해미진
徧法界에 示現神變法門으로 開悟世界海微塵

생각 가운데 일체 부처님의 국토를 깨끗이 장엄하여 일체 큰 서원바다를 나타내 보이는 법문으로 세계바다 미진수의 중생들을 깨우쳤다.

생각생각 가운데 일체 중생의 말과 부처님의 음성을 널리 거두어들이는 법문으로 세계바다 미진수의 중생들을 깨우치며, 생각생각 가운데 일체 부처님의 법구름을 능히 비 내리는 법문으로 세계바다 미진수의 중생들을 깨우치며, 생각생각 가운데 광명으로 시방 국토를 널리 비추어 법계에 두루 신통변화를 나타내 보이는 법문으로 세계바다 미진수의 중생들을 깨우쳤다.

수 중 생
數衆生하니라

염 념 중　　이 보 현 불 신 충 변 법 계　　일 체 여
念念中에 **以普現佛身充徧法界**하는　**一切如**

래 해 탈 력 법 문　　개 오 세 계 해 미 진 수 중 생
來解脫力法門으로 **開悟世界海微塵數衆生**하며

염 념 중　　이 보 현 보 살　　건 립 일 체 중 회 도 량
念念中에 **以普賢菩薩**의 **建立一切衆會道場**

해 법 문　　개 오 세 계 해 미 진 수 중 생
海法門으로 **開悟世界海微塵數衆生**하니라

여 시 보 변 일 체 법 계　　수 중 생 심　　실 령 개
如是普徧一切法界하사 **隨衆生心**하야 **悉令開**

오
悟케하시니라

생각생각 가운데 부처님의 몸이 법계에 충만함을 널리 나타내는 일체 여래의 해탈력 법문으로 세계바다 미진수의 중생들을 깨우치며, 생각생각 가운데 보현보살의 일체 대중모임 도량바다를 건립하는 법문으로 세계바다 미진수의 중생들을 깨우쳤다.

이와 같이 일체 법계에 널리 두루하여 중생들의 마음을 따라서 모두 깨닫게 하였다.

念念中_에 一一國土_에 各令如須彌山微塵數

衆生_의 墮惡道者_로 永離其苦_{하며} 各令如須彌

山微塵數衆生_의 住邪定者_로 入正定聚_{하며} 各

令如須彌山微塵數衆生_{으로} 隨其所樂_{하야} 生

於天上_{하며} 各令如須彌山微塵數衆生_{으로} 安

住聲聞辟支佛地_{하며} 各令如須彌山微塵數衆

生_{으로} 事善知識_{하야} 具衆福行_{하니라}

各令如須彌山微塵數衆生_{으로} 發於無上菩

생각생각 가운데 낱낱 국토의 각각 수미산 미진수와 같은 중생들의 악도에 떨어진 이로 하여금 영원히 그 고통을 여의게 하며, 각각 수미산 미진수와 같은 중생들의 삿된 선정에 머문 이로 하여금 바른 정에 들어가게 하였다.

각각 수미산 미진수와 같은 중생들로 하여금 그 즐기는 바를 따라서 천상에 태어나게 하며, 각각 수미산 미진수와 같은 중생들로 하여금 성문이나 벽지불의 지위에 편안히 머무르게 하며, 각각 수미산 미진수와 같은 중생들로 하여금 선지식을 섬겨서 온갖 복덕의 행을 갖추게 하였다.

각각 수미산 미진수와 같은 중생들로 하여

리지심　　각령여수미산미진수중생　　취
提之心하며 各令如須彌山微塵數衆生으로 趣

어보살불퇴전지　　각령여수미산미진수중
於菩薩不退轉地하며 各令如須彌山微塵數衆

생　　득정지안　　견어여래소견일체제평
生으로 得淨智眼하야 見於如來所見一切諸平

등법　　각령여수미산미진수중생　　안주
等法하며 各令如須彌山微塵數衆生으로 安住

제력제원해중　　이무진지　　이위방편　　정
諸力諸願海中하야 以無盡智로 而爲方便하야 淨

제불국　　각령여수미산미진수중생　　개
諸佛國하며 各令如須彌山微塵數衆生으로 皆

득안주비로자나광대원해　　생여래가
得安住毗盧遮那廣大願海하야 生如來家케하시니라

금 위없는 보리마음을 내게 하며, 각각 수미산 미진수와 같은 중생들로 하여금 보살의 물러나지 않는 지위에 나아가게 하며, 각각 수미산 미진수와 같은 중생들로 하여금 청정한 지혜의 눈을 얻어서 여래께서 보시는 바 일체 모든 평등한 법을 보게 하였다.

각각 수미산 미진수와 같은 중생들로 하여금 모든 힘과 모든 서원바다 가운데 안주하여 다함없는 지혜로 방편을 삼아 모든 부처님 국토를 청정하게 하며, 각각 수미산 미진수와 같은 중생들로 하여금 모두 비로자나불의 광대한 서원바다에 안주하여 여래의 집에 태어나게 하였다.

이시   제보살광명중   동시발성   설차송
爾時에 諸菩薩光明中에 同時發聲하야 說此頌

언
言하니라

제광명중출묘음   보변시방일체국
諸光明中出妙音하야   普徧十方一切國하사

연설불자제공덕   능입보리지묘도
演說佛子諸功德으로   能入菩提之妙道로다

겁해수행무염권   영고중생득해탈
劫海修行無厭倦하사   令苦衆生得解脫하사대

심무하열급노피   불자선입사방편
心無下劣及勞疲하시니   佛子善入斯方便이로다

그 때에 모든 보살들의 광명 가운데서 동시
에 소리를 내어 이 게송을 설하여 말씀하였
다.

모든 광명 중에서 미묘한 소리를 내어
시방의 일체 국토에 널리 두루해서
불자들에게 모든 공덕을 연설하여
보리의 묘한 도에 능히 들어가게 하도다.

겁바다에 수행하여 게으르지 않고
고통받는 중생들이 해탈을 얻게 하되
마음이 하열함과 피로함이 없으니
불자들이 이 방편에 잘 들어갔도다.

진제겁해수방편
盡諸劫海修方便을

무량무변무유여
無量無邊無有餘하사

일체법문무불입
一切法門無不入하사대

이항설피성적멸
而恒說彼性寂滅이로다

삼세제불소유원
三世諸佛所有願을

일체수치실령진
一切修治悉令盡하고

즉이이익제중생
卽以利益諸衆生하사

이위자행청정업
而爲自行淸淨業일세

일체제불중회중
一切諸佛衆會中에

보변시방무불왕
普徧十方無不往하사대

개이심심지혜해
皆以甚深智慧海로

입피여래적멸법
入彼如來寂滅法이로다

모든 겁바다가 다하도록 방편을 닦아
한량없고 가없고 남음도 없어서
일체 법문에 들어가지 않음이 없되
그 성품이 적멸함을 항상 설하도다.

삼세의 모든 부처님께서 세우신 서원
일체를 닦아서 모두 다하고
곧 모든 중생들을 이익되게 하여
스스로 청정한 업을 행하였도다.

일체 모든 부처님의 대중모임 중에
널리 시방에 두루하여 가지 않음이 없되
모두 깊고 깊은 지혜바다로
저 여래의 적멸법에 들어갔도다.

일일광명무유변
一一光明無有邊하야

실입난사제국토
悉入難思諸國土하며

청정지안보능견
淸淨智眼普能見하니

시제보살소행경
是諸菩薩所行境이로다

보살능주일모단
菩薩能住一毛端하야

변동시방제국토
徧動十方諸國土하사대

불령중생유포상
不令衆生有怖想케하시니

시기청정방편지
是其淸淨方便地로다

일일진중무량신
一一塵中無量身이여

부현종종장엄찰
復現種種莊嚴刹하사

일념몰생보령견
一念歿生普令見케하시니

획무애의장엄자
獲無礙意莊嚴者로다

낱낱 광명이 끝이 없어서
생각하기 어려운 모든 국토에 다 들어가며
청정한 지혜 눈이 널리 능히 보니
이것은 모든 보살들이 행한 경계로다.

보살이 한 터럭 끝에 능히 머물러서
시방의 모든 국토를 두루 진동하되
중생들에게 두려운 생각이 나지 않게 하니
이것이 그 청정한 방편의 지위로다.

낱낱 티끌 가운데 한량없는 몸이여
다시 갖가지 장엄 세계를 나타내어
한 생각에 죽고 태어남을 널리 보게 하니
걸림 없는 뜻의 장엄을 얻은 이로다.

삼세소유일체겁　　일찰나중실능현
三世所有一切劫을　一刹那中悉能現하사

지신여환무체상　　증명법성무애자
知身如幻無體相하시니　證明法性無礙者로다

보현승행개능입　　일체중생실락견
普賢勝行皆能入이여　一切衆生悉樂見이라

불자능주차법문　　제광명중대음후
佛子能住此法門일새　諸光明中大音吼로다

이시　세존　욕령일체보살대중　　득어여
爾時에　世尊이　欲令一切菩薩大衆으로　得於如

래무변경계신통력고　방미간광　　차광
來無邊境界神通力故로　放眉間光하시니　此光이

삼세의 있는 바 일체 겁을

한 찰나에 모두 능히 나타내어서

몸이 환과 같아 체상이 없는 줄 아니

법성이 걸림 없음을 증명한 이로다.

보현의 수승한 행에 다 능히 들어감이여

일체 중생이 모두 즐겨 봄이라

불자가 이 법문에 능히 머무르니

모든 광명 가운데서 큰 소리로 사자후하도다.

그 때에 세존께서 일체 보살 대중에게 여래의 가없는 경계와 신통력을 얻게 하시려고 미간에서 광명을 놓으셨다. 이 광명이 이름은 일체 보살의 지혜광명으로 시방을 널리 비추는

명일체보살지광명보조요시방장
名一切菩薩智光明普照耀十方藏이라

기상　유여보색등운　변조시방일체불
其狀이 猶如寶色燈雲하야 徧照十方一切佛

찰　기중국토　급이중생　실령현현
刹하사 其中國土와 及以眾生을 悉令顯現케하시니라

우보진동제세계망　일일진중　현무수
又普震動諸世界網하야 一一塵中에 現無數

불　수제중생　성욕부동　보우삼세일체
佛하사 隨諸眾生의 性欲不同하야 普雨三世一切

제불묘법륜운　현시여래바라밀해
諸佛妙法輪雲하사 顯示如來波羅蜜海하시니라

우우무량제출리운　영제중생　영도생
又雨無量諸出離雲하사 令諸眾生으로 永度生

사　부우제불대원지운　현시시방제
死케하시며 復雨諸佛大願之雲하사 顯示十方諸

창고였다.

그 모양은 마치 보배 색 등불구름 같아서 시방의 일체 부처님 세계를 두루 비추어서 그 가운데 국토와 중생들을 모두 나타나게 하였다.

또 모든 세계 그물을 널리 진동하여 낱낱 티끌 가운데 수없는 부처님을 나타내어, 모든 중생들의 근성과 욕망이 같지 아니함을 따라서 삼세 일체 모든 부처님의 미묘한 법륜구름을 널리 비 내려서 여래의 바라밀바다를 나타내 보였다.

또 한량없는 모든 벗어나고 여의는 구름을 비 내려서 모든 중생들로 하여금 길이 생사를 벗어나게 하며, 또 모든 부처님의 큰 서원구름

세계중보현보살도량중회
世界中普賢菩薩道場衆會하시니라

작시사이　우요어불　종족하입
作是事已에　右遶於佛하야　從足下入하시니라

이시불전　유대연화　홀연출현　기화
爾時佛前에　有大蓮華가　忽然出現하니　其華가

구유십종장엄　일체연화　소불능급
具有十種莊嚴하야　一切蓮華의　所不能及이니라

소위중보간착　이위기경　마니보왕
所謂衆寶間錯으로　以爲其莖하며　摩尼寶王으로

이위기장　법계중보　보작기엽　제향
以爲其藏하며　法界衆寶로　普作其葉하며　諸香

마니　이작기수　염부단금　장영기대
摩尼로　而作其鬚하며　閻浮檀金으로　莊瑩其臺하며

을 비 내려서 시방 모든 세계 가운데 보현보살 도량의 대중모임을 나타내 보였다.

이러한 일을 짓고 나서 부처님을 오른쪽으로 돌아서 발밑으로 들어갔다.

그 때에 부처님 앞에 큰 연꽃이 홀연히 출현하였다. 그 꽃은 열 가지 장엄을 갖추고 있어서 일체 연꽃이 능히 미칠 수 없었다.

이른바 온갖 보배가 사이사이에 섞인 것으로 그 줄기가 되고, 마니보배왕으로 그 연밥이 되며, 법계의 온갖 보배로 널리 그 잎이 되고, 모든 향기 나는 마니로 그 꽃술이 되며, 염부

묘망부상 　 광색청정
妙網覆上하야 光色清淨하니라

어일념중 　 시현무변제불신변 　 보능발기
於一念中에 示現無邊諸佛神變하며 普能發起

일체음성 　 마니보왕 　 영현불신 　 어음
一切音聲하며 摩尼寶王이 影現佛身하며 於音

성중 　 보능연설일체보살 　 소수행원
聲中에 普能演說一切菩薩의 所修行願하시니라

차화생이 　 일념지간 　 어여래백호상중 　 유
此華生已에 一念之間에 於如來白毫相中에 有

보살마하살 　 명일체법승음 　 여세계해
菩薩摩訶薩하니 名一切法勝音이라 與世界海

미진수제보살중 　 구시이출 　 우요여래
微塵數諸菩薩衆으로 俱時而出하사 右遶如來하야

단금으로 그 꽃대를 장엄하고, 미묘한 그물을 위에 덮어서 빛깔이 청정하였다.

한 생각 가운데 가없는 모든 부처님의 신통 변화를 나타내 보이며, 널리 능히 일체 음성을 내며, 마니 보배왕이 부처님의 몸을 영상으로 나타내며, 음성 가운데 널리 일체 보살의 수행한 바 행원을 능히 연설하였다.

이 꽃이 생겨나고서 한 순간에 여래의 백호상 가운데 보살마하살이 있었으니 이름이 일체법승음이다. 세계바다 미진수 모든 보살 대중들과 한꺼번에 출현하여 여래를 오른쪽으

경무량잡　　예불족이　　시승음보살　　좌연
經無量帀하고 禮佛足已에 時勝音菩薩은 坐蓮

화대　　　　제보살중　　좌연화수　　각어기상
華臺하시며 諸菩薩衆은 坐蓮華鬚하야 各於其上에

차제이주
次第而住하시나라

기일체법승음보살　　요심법계　　　생대환
其一切法勝音菩薩이 了深法界하야 生大歡

희　　입불소행　　지무응체　　입불가측불
喜하며 入佛所行하야 智無凝滯하며 入不可測佛

법신해　　왕일체찰제여래소　　신제모공
法身海하며 往一切刹諸如來所하며 身諸毛孔에

실현신통　　염념보관일체법계　　시방제
悉現神通하며 念念普觀一切法界하며 十方諸

불　공여기력　　영보안주일체삼매　　진미
佛이 共與其力하사 令普安住一切三昧하며 盡未

로 한량없이 돌고는 부처님의 발에 예배하였다. 그 때 승음보살은 연화대에 앉고, 모든 보살 대중들은 연꽃 꽃술에 앉아 각각 그 위에서 차례대로 머물렀다.

그 일체법승음보살은 깊은 법계를 깨달아 큰 환희를 내었다. 부처님께서 행하신 바에 들어가 지혜가 막힘이 없으며, 헤아릴 수 없는 부처님의 법신바다에 들어가며, 일체 세계 모든 여래의 처소에 나아가며, 몸의 모든 모공에서 다 신통을 나타내었다.

생각생각에 일체 법계를 널리 관찰하며, 시방의 모든 부처님께서 함께 그 힘을 주셔서 일체 삼매

래겁   상견제불무변법계공덕해신   내
來劫토록   常見諸佛無邊法界功德海身하며   乃

지일체삼매해탈신통변화
至一切三昧解脫神通變化하시니라

즉어중중   승불위신   관찰시방   이설송왈
卽於衆中에   承佛威神하사   觀察十方하고   而說頌曰

불신충만어법계   보현일체중생전
佛身充滿於法界하사   普現一切衆生前하시니

수연부감미부주   이항처차보리좌
隨緣赴感靡不周하사대   而恒處此菩提座로다

에 널리 안주하게 하시며, 미래 겁이 다하도록 항

상 모든 부처님의 가없는 법계와 공덕바다몸과

내지 일체 삼매와 해탈과 신통변화를 보았다.

　곧 대중 가운데서 부처님의 위신력을 받들어

시방을 관찰하고 게송을 설하여 말씀하였다.

　부처님 몸은 법계에 충만하시어

　일체 중생 앞에 널리 나타나시니

　연을 따라 감응하여 다 두루하시되

　항상 이 보리좌에 계시도다.

여래일일모공중
如來一一毛孔中에

일체찰진제불좌
一切刹塵諸佛坐하사

보살중회공위요
菩薩衆會共圍遶어든

연설보현지승행
演說普賢之勝行이로다

여래안처보리좌
如來安處菩提座하사

일모시현다찰해
一毛示現多刹海하시며

일일모현실역연
一一毛現悉亦然하사

여시보주어법계
如是普周於法界로다

일일찰중실안립
一一刹中悉安立하사

일체찰토개주변
一切刹土皆周徧하시니

시방보살여운집
十方菩薩如雲集하야

막불함래예도량
莫不咸來詣道場이로다

여래의 낱낱 모공 가운데에
일체 세계 티끌 수의 모든 부처님께서 앉으시고
보살회중이 함께 둘러있는데
보현보살의 수승한 행을 연설하시도다.

여래께서 보리좌에 안주하셔서서
한 터럭에 많은 세계바다를 나타내 보이시며
낱낱 터럭마다 나타내심도 다 또한 그러하니
이와 같이 법계에 널리 두루하시도다.

낱낱 세계 가운데 다 편안히 앉으셔서
일체 세계에 다 두루하시니
시방에서 보살들이 구름처럼 모여 와서
모두 도량에 나아가지 않음이 없도다.

일체찰토미진수
一切刹土微塵數의

공덕광명보살해
功德光明菩薩海가

보재여래중회중
普在如來衆會中하며

내지법계함충변
乃至法界咸充徧이로다

법계미진제찰토
法界微塵諸刹土의

일체중중개출현
一切衆中皆出現하시니

여시분신지경계
如是分身智境界를

보현행중능건립
普賢行中能建立이로다

일체제불중회중
一切諸佛衆會中에

승지보살첨연좌
勝智菩薩僉然坐하사

각각청법생환희
各各聽法生歡喜하야

처처수행무량겁
處處修行無量劫이로다

일체 세계 미진수같이 많은
공덕 광명의 보살바다가
널리 여래의 대중모임 가운데 있으며
법계에도 다 두루 충만하도다.

법계 미진수 모든 세계의
일체 대중 가운데 다 출현하시니
이와 같이 분신하시는 지혜경계를
보현행 가운데 능히 건립하시도다.

일체 모든 부처님의 대중모임 가운데
지혜가 수승한 보살들이 모두 앉아서
각각 법을 듣고 환희하여
곳곳에서 한량없는 겁 동안 수행하도다.

이입보현광대원
已入普賢廣大願하야

각각출생중불법
各各出生衆佛法하사

비로자나법해중
毗盧遮那法海中에

수행극증여래지
修行克證如來地로다

보현보살소개각
普賢菩薩所開覺을

일체여래동찬희
一切如來同讚喜하시니

이획제불대신통
已獲諸佛大神通하사

법계주류무불변
法界周流無不徧이로다

일체찰토미진수
一切刹土微塵數에

상현신운실충만
常現身雲悉充滿하사

보위중생방대광
普爲衆生放大光하야

각우법우칭기심
各雨法雨稱其心이로다

보현보살의 광대한 원에 이미 들어가서
각각 온갖 부처님법을 출생하여
비로자나 부처님의 법바다에서
수행하여 여래의 지위를 증득하셨도다.

보현보살이 깨달은 바를
일체 여래께서 다 같이 칭찬하고 기뻐하시니
모든 부처님의 큰 신통을 이미 얻어서
법계에 두루 펴서 다 가득하였도다.

일체 미진수 같은 세계에
몸구름을 항상 나타내어 다 충만하셔서
널리 중생들을 위해 큰 광명을 놓으시고
법의 비를 각각 내려 그 마음에 맞추시도다.

이시중중   부유보살마하살   명관찰일체
爾時衆中에 復有菩薩摩訶薩하니 名觀察一切

승법연화광혜왕   승불위신   관찰시방
勝法蓮華光慧王이라 承佛威神하사 觀察十方하고

이설송왈
而說頌曰

여래심심지   보입어법계
如來甚深智로 普入於法界하사

능수삼세전   여세위명도
能隨三世轉하야 與世爲明導로다

제불동법신   무의무차별
諸佛同法身하사 無依無差別하사대

수제중생의   영견불색형
隨諸衆生意하야 令見佛色形이로다

그 때에 대중 가운데 또 보살마하살이 있었
으니 이름이 관찰일체승법연화광혜왕이다. 부
처님의 위신력을 받들어 시방을 관찰하고 게
송을 설하여 말씀하였다.

여래의 매우 깊은 지혜로
법계에 널리 들어가셔서
능히 삼세를 따라 구르셔서
세간의 밝은 도사가 되셨도다.

모든 부처님은 법신이 같으셔서
의지도 없고 차별도 없으시되
모든 중생들의 뜻을 따라서
부처님 모습을 보게 하시도다.

구족일체지
具足一切智하사

변지일체법
徧知一切法하시며

일체국토중
一切國土中에

일체무불현
一切無不現이로다

불신급광명
佛身及光明과

색상부사의
色相不思議시니

중생신락자
衆生信樂者는

수응실령견
隨應悉令見이로다

어일불신상
於一佛身上에

화위무량불
化爲無量佛하사

뇌음변중찰
雷音徧衆刹하야

연법심여해
演法深如海로다

일체 지혜를 구족하셔서

일체 법을 두루 아시며

일체 국토 가운데에

일체를 다 나타내시도다.

부처님의 몸과 광명과

색상이 부사의하시니

중생들이 믿고 즐거워하면

따라 응하여 다 보게 하시도다.

한 부처님 몸에

한량없는 부처님을 나타내시고

우레 소리가 온 세계에 두루하여

법을 연설하심이 바다같이 깊도다.

일일모공중
一一毛孔中에

광망변시방
光網徧十方하사

연불묘음성
演佛妙音聲하야

조피난조자
調彼難調者로다

여래광명중
如來光明中에

상출심묘음
常出深妙音하사

찬불공덕해
讚佛功德海와

급보살소행
及菩薩所行이로다

불전정법륜
佛轉正法輪이

무량무유변
無量無有邊이라

소설법무등
所說法無等하야

천지불능측
淺智不能測이로다

낱낱 모공 가운데서
광명그물이 시방에 두루하여
부처님의 미묘한 음성을 내어서
그 조복하기 어려운 이를 조복하시도다.

여래의 광명 가운데서
항상 깊고 묘한 소리를 내어
부처님의 공덕바다와
보살들의 행한 바를 칭찬하시도다.

부처님께서 바른 법륜을 굴리심이
한량없고 가없으니
설하시는 법마다 같지 않아서
얕은 지혜로는 능히 측량할 수 없도다.

일체세계중
一切世界中에

현신성정각
現身成正覺하시고

각각기신변
各各起神變하사

법계실충만
法界悉充滿이로다

여래일일신
如來一一身에

현불등중생
現佛等衆生하사

일체미진찰
一切微塵刹에

보현신통력
普現神通力이로다

이시중중
爾時衆中에

부유보살마하살
復有菩薩摩訶薩하니

명법희혜광
名法喜慧光

명
明이라

승불위신
承佛威神하사

관찰시방
觀察十方하고

이설송왈
而說頌曰

일체 세계 가운데
몸을 나타내어 정각을 이루시고
각각 신통변화를 일으키셔서
법계에 다 충만하시도다.

여래의 낱낱 몸에
중생 수 같은 부처님을 나타내셔서
일체 미진 세계에
신통력을 널리 나타내시도다.

그 때에 대중 가운데 또 보살마하살이 있었
으니 이름이 법희혜광명이다. 부처님의 위신력
을 받들어 시방을 관찰하고 게송을 설하여 말
씀하였다.

불신상현현
佛身常顯現하사

법계실충만
法界悉充滿하시며

항연광대음
恒演廣大音하사

보진시방국
普震十方國이로다

여래보현신
如來普現身하사

변입어세간
徧入於世間이라

수중생락욕
隨衆生樂欲하사

현시신통력
顯示神通力이로다

불수중생심
佛隨衆生心하사

보현어기전
普現於其前하시니

중생소견자
衆生所見者가

개시불신력
皆是佛神力이로다

부처님 몸이 항상 나타나셔서
법계에 다 충만하시며
항상 광대한 음성을 펴시어
시방 국토에 널리 떨치시도다.

여래께서 널리 몸을 나타내시어
세간에 두루 들어가셔서
중생들의 욕락을 따라
신통력을 나타내 보이시도다.

부처님께서 중생들의 마음을 따라
그 앞에 널리 나타나시니
중생들의 보는 것이
다 부처님의 신통력이로다.

광명무유변
光明無有邊이요

설법역무량
說法亦無量이라

불자수기지
佛子隨其智하야

능입능관찰
能入能觀察이로다

불신무유생
佛身無有生호대

이능시출생
而能示出生하시며

법성여허공
法性如虛空하니

제불어중주
諸佛於中住로다

무주역무거
無住亦無去로대

처처개견불
處處皆見佛하니

광명미부주
光明靡不周하야

명칭실원문
名稱悉遠聞이로다

광명이 끝이 없고

설법 또한 한량없으시니

불자들이 그 지혜를 따라서

능히 들어가고 능히 관찰하도다.

부처님 몸은 태어남이 없으나

능히 출생함을 보이시며

법성은 허공과 같아서

부처님께서 그 가운데 머무르시도다.

머무름도 없고 또한 감도 없으시나

곳곳에서 다 부처님을 친견하니

광명이 두루하지 않음이 없으셔서

명칭이 모두 멀리 들리도다.

무체무주처
無體無住處며

역무생가득
亦無生可得이며

무상역무형
無相亦無形이라

소현개여영
所現皆如影이로다

불수중생심
佛隨衆生心하사

위흥대법운
爲興大法雲하야

종종방편문
種種方便門으로

시오이조복
示悟而調伏이로다

일체세계중
一切世界中에

견불좌도량
見佛坐道場하사

대중소위요
大衆所圍遶로

조요시방국
照耀十方國이로다

몸도 없고 머무르는 곳도 없으며

또한 태어남도 없으며

모습도 없고 형상도 없어서

나타난 것은 다 그림자 같도다.

부처님께서 중생들의 마음을 따라

큰 법구름을 일으키셔서

갖가지 방편문으로

깨달음을 보이고 조복하시도다.

일체 세계 가운데에

부처님께서 도량에 앉으심을 보니

대중들이 둘러 모시고

시방 국토를 밝게 비추시도다.

일체제불신　　　　　개유무진상
一切諸佛身이　　　　皆有無盡相하시니

시현수무량　　　　　색상종부진
示現雖無量이나　　　色相終不盡이로다

이시중중　　부유보살마하살　　　명향염광보
爾時衆中에　復有菩薩摩訶薩하니　名香燄光普

명혜　　승불위신　　　관찰시방　　　이설송왈
明慧라　承佛威神하사　觀察十方하고　而說頌曰

차회제보살　　　　　입불난사지
此會諸菩薩이　　　　入佛難思地하사

일일개능견　　　　　일체불신력
一一皆能見　　　　　一切佛神力이로다

일체 모든 부처님의 몸이
모두 다함없는 상호가 있으시니
나타내 보이심이 비록 한량없으나
색상도 마침내 다하지 않도다.

그 때에 대중 가운데 또 보살마하살이 있었으니
이름이 향염광보명혜이다. 부처님의 위신력을 받
들어 시방을 관찰하고 게송을 설하여 말씀하였다.

이 회상의 모든 보살들이
부처님의 생각하기 어려운 경지에 들어가서
낱낱이 다 일체 부처님의
신통력을 능히 보도다.

지신능변입
智身能徧入

일체찰미진
一切刹微塵하사

견신재피중
見身在彼中하야

보견어제불
普見於諸佛이로다

여영현중찰
如影現衆刹

일체여래소
一切如來所하사

어피일체중
於彼一切中에

실현신통사
悉現神通事로다

보현제행원
普賢諸行願을

수치이명결
修治已明潔일새

능어일체찰
能於一切刹에

보견불신변
普見佛神變이로다

지혜의 몸이

일체 세계 미진에 두루 들어가

몸이 그 가운데서

널리 모든 부처님을 친견함을 보도다.

그림자와 같이 온갖 세계

일체 여래의 처소에 나타나

그 일체 가운데서

신통한 일을 다 나타내도다.

보현보살의 모든 행원을

닦아서 이미 밝고 깨끗하니

능히 일체 세계에서

부처님의 신통변화를 널리 보도다.

신주일체처
身住一切處하야

일체개평등
一切皆平等하니

지능여시행
智能如是行하야

입불지경계
入佛之境界로다

이증여래지
已證如來智하고

등조어법계
等照於法界하야

보입불모공
普入佛毛孔의

일체제찰해
一切諸刹海로다

일체불국토
一切佛國土에

개현신통력
皆現神通力하야

시현종종신
示現種種身과

급종종명호
及種種名号로다

몸이 일체 처소에 머물러서
일체가 다 평등하니
지혜가 능히 이와 같이 행하여
부처님의 경계에 들어가도다.

여래의 지혜를 이미 증득하고
법계를 평등하게 비추어서
부처님 모공의 모든 세계바다에
널리 들어가도다.

일체 부처님 국토에
다 신통력을 나타내어
갖가지 몸과 갖가지 명호를
나타내 보이도다.

능어일념경
能於一念頃에

보현제신변
普現諸神變하야

도량성정각
道場成正覺하고

급전묘법륜
及轉妙法輪이로다

일체광대찰
一切廣大刹을

억겁부사의
億劫不思議어늘

보살삼매중
菩薩三昧中에

일념개능현
一念皆能現이로다

일체제불토
一切諸佛土에

일일제보살
一一諸菩薩이

보입어불신
普入於佛身호대

무변역무진
無邊亦無盡이로다

능히 한 생각 사이에
모든 신통변화를 널리 나타내어
도량에서 정각 이루고
미묘한 법륜을 굴리도다.

일체 광대한 세계를
억 겁에도 사의할 수 없으나
보살이 삼매 가운데서
한 생각에 다 능히 나타내도다.

일체 모든 부처님 국토에서
낱낱 모든 보살들이
부처님 몸에 널리 들어가되
가없고 또한 다함도 없도다.

이시중중　　부유보살마하살　　명사자분신
爾時衆中에 復有菩薩摩訶薩하니 名師子奮迅

혜광명　　승불위신　　변관시방　　이설송왈
慧光明이라 承佛威神하사 徧觀十方하고 而說頌曰

비로자나불　　　　능전정법륜
毗盧遮那佛이　　　能轉正法輪하시니

법계제국토　　　　여운실주변
法界諸國土에　　　如雲悉周徧이로다

시방중소유　　　　제대세계해
十方中所有　　　　諸大世界海에

불신통원력　　　　처처전법륜
佛神通願力으로　　處處轉法輪이로다

그 때에 대중 가운데 또 보살마하살이 있었으니 이름이 사자분신혜광명이다. 부처님의 위신력을 받들어 시방을 두루 살펴보고 게송을 설하여 말씀하였다.

비로자나 부처님께서
능히 바른 법륜을 굴리시니
법계의 모든 국토에
구름처럼 다 두루하시도다.

시방에 있는
모든 큰 세계바다에
부처님의 신통과 원력으로
곳곳에서 법륜을 굴리시도다.

일체제찰토
一切諸刹土의

광대중회중
廣大衆會中에

명호각부동
名号各不同하사

수응연묘법
隨應演妙法이로다

여래대위력
如來大威力이

보현원소성
普賢願所成이라

일체국토중
一切國土中에

묘음무부지
妙音無不至로다

불신등찰진
佛身等刹塵하사

보우어법우
普雨於法雨하사대

무생무차별
無生無差別하야

현일체세간
現一切世間이로다

일체 모든 세계의

광대한 대중모임 가운데

명호가 각각 같지 않으셔서

따라 응하여 묘법을 연설하시도다.

여래의 크신 위신력은

보현의 행원으로 이루신 바라

일체 국토 가운데에

묘음이 이르지 않음이 없도다.

부처님 몸은 세계 티끌 수 같으셔서

법의 비를 널리 내리시되

생겨남도 없고 차별도 없어서

일체 세간에 나타나시도다.

무수제억겁
無數諸億劫의

일체진찰중
一切塵刹中에

왕석소행사
往昔所行事를

묘음함구연
妙音咸具演이로다

시방진국토
十方塵國土에

광망실주변
光網悉周徧이어든

광중실유불
光中悉有佛하사

보화제군생
普化諸群生이로다

불신무차별
佛身無差別하야

충만어법계
充滿於法界하사

능령견색신
能令見色身하야

수기선조복
隨機善調伏이로다

수없는 모든 억 겁의

일체 티끌 수 세계 가운데

지난 옛적 행하신 일을

묘음으로 다 갖추어 연설하시도다.

시방의 티끌 수 국토에

광명 그물이 모두 두루한데

광명 가운데 다 부처님이 계셔서

모든 중생들을 널리 교화하시도다.

부처님 몸은 차별이 없어서

법계에 충만하시고

능히 색신을 보게 하시어

근기를 따라 잘 조복하시도다.

삼세일체찰　　　　소유중도사
三世一切刹에　　　所有衆導師의

종종명호수　　　　위설개령견
種種名号殊를　　　爲說皆令見이로다

과미급현재　　　　일체제여래
過未及現在에　　　一切諸如來의

소전묘법륜　　　　차회개득문
所轉妙法輪을　　　此會皆得聞이로다

이시중중　　부유보살마하살　　명법해혜공
爾時衆中에　復有菩薩摩訶薩하니　名法海慧功

덕장　　승불위신　　관찰시방　　이설송왈
德藏이라　承佛威神하사　觀察十方하고　而說頌曰

삼세 일체 세계에

있는 바 많은 도사들의

갖가지 다른 명호를

설하여 다 보게 하시도다.

과거와 미래와 현재의

일체 모든 여래께서

굴리신 미묘한 법륜을

이 법회에서 다 듣도다.

그 때에 대중 가운데 또 보살마하살이 있었으니

이름이 법해혜공덕장이다. 부처님의 위신력을 받

들어 시방을 관찰하고 게송을 설하여 말씀하였다.

차회제불자
此會諸佛子가

선수중지혜
善修衆智慧하니

사인이능입
斯人已能入

여시방편문
如是方便門이로다

일일국토중
一一國土中에

보연광대음
普演廣大音하야

설불소행처
說佛所行處하니

주문시방찰
周聞十方刹이로다

일일심념중
一一心念中에

보관일체법
普觀一切法하고

안주진여지
安住眞如地하야

요달제법해
了達諸法海로다

이 모임의 모든 불자들이
온갖 지혜를 잘 닦았으니
이 사람들은 이미
이러한 방편문에 능히 들어갔도다.

낱낱 국토 가운데서
광대한 음성을 널리 내어
부처님께서 행하신 바를 연설하니
시방세계에 두루 들리도다.

낱낱 생각 가운데
일체 법을 널리 관하고
진여의 땅에 안주하여
모든 법바다를 요달하였도다.

일일불신중
一一佛身中

억겁부사의
億劫不思議에

수습바라밀
修習波羅蜜하며

급엄정국토
及嚴淨國土로다

일일미진중
一一微塵中에

능증일체법
能證一切法하고

여시무소애
如是無所礙하야

주행시방국
周行十方國이로다

일일불찰중
一一佛刹中에

왕예실무여
往詣悉無餘하야

견불신통력
見佛神通力하고

입불소행처
入佛所行處로다

낱낱 부처님 몸 가운데서
부사의한 억 겁 동안
바라밀을 닦으며
국토를 깨끗이 장엄하였도다.

낱낱 미진 가운데서
일체법을 능히 증득하고
이와 같이 걸리는 바가 없어서
시방 국토에 두루 다니도다.

낱낱 부처님 세계에
다 남김없이 나아가서
부처님의 신통력을 보고
부처님께서 행하신 곳에 들어가도다.

제불광대음　　　　법계미불문
諸佛廣大音을　　**法界靡不聞**하나니

보살능요지　　　　선입음성해
菩薩能了知하야　**善入音聲海**로다

겁해연묘음　　　　기음등무별
劫海演妙音에　　**其音等無別**하시니

지주삼세자　　　　입피음성지
智周三世者가　　**入彼音聲地**로다

중생소유음　　　　급불자재성
衆生所有音과　　**及佛自在聲**에

획득음성지　　　　일체개능료
獲得音聲智하야　**一切皆能了**로다

모든 부처님의 광대한 음성을
법계에서 듣지 못함이 없으니
보살들이 능히 요달해 알아서
음성바다에 잘 들어가도다.

오랜 겁 동안 묘음을 내되
그 음성 평등하여 차별이 없으니
지혜가 삼세에 두루한 이가
그 음성 경지에 들어갔도다.

중생들이 지닌 음과
부처님의 자재하신 소리에서
음성 지혜를 얻어
일체를 다 능히 알도다.

종지이득지
從地而得地하야

주어력지중
住於力地中하니

억겁근수행
億劫勤修行하야

소획법여시
所獲法如是로다

이시중중
爾時衆中에

부유보살마하살
復有菩薩摩訶薩하니

명혜등보
名慧燈普

명
明이라

승불위신
承佛威神하사

관찰시방
觀察十方하고

이설송왈
而說頌曰

일체제여래
一切諸如來가

원리어중상
遠離於衆相하시니

약능지시법
若能知是法하면

내견세도사
乃見世導師로다

지위를 좇아 지위를 얻어서
십력의 지위 가운데 머무르니
억 겁 동안 부지런히 수행하여
얻은 바 법이 이와 같도다.

그 때에 대중 가운데 또 보살마하살이 있었으니 이름이 혜등보명이다. 부처님의 위신력을 받들어 시방을 관찰하고 게송을 설하여 말씀하였다.

일체 모든 여래께서
온갖 상을 멀리 여의셨으니
만약 이 법을 능히 알면
이에 세간의 도사를 보리라.

보살삼매중
菩薩三昧中에

혜광보명료
慧光普明了하사

능지일체불
能知一切佛의

자재지체성
自在之體性이로다

견불진실체
見佛眞實體하면

즉오심심법
則悟甚深法이니

보관어법계
普觀於法界하고

수원이수신
隨願而受身이로다

종어복해생
從於福海生하야

안주어지지
安住於智地하고

관찰일체법
觀察一切法하야

수행최승도
修行最勝道로다

보살이 삼매 가운데서
지혜의 빛이 널리 명료하여
일체 부처님의
자재하신 체성을 능히 알도다.

부처님의 진실한 체성을 보면
심히 깊은 법을 깨달으리니
법계를 널리 관하고
원을 따라 몸을 받으리라.

복바다에서 태어나
지혜의 땅에 안주하고
일체 법을 관찰하여
가장 수승한 도를 수행하도다.

일체불찰중
一切佛刹中에

일체여래소
一切如來所라

여시변법계
如是徧法界하야

실견진실체
悉見眞實體로다

시방광대찰
十方廣大刹에

억겁근수행
億劫勤修行하야

능유정변지
能游正徧知의

일체제법해
一切諸法海로다

유일견밀신
唯一堅密身을

일체진중견
一切塵中見하나니

무생역무상
無生亦無相이로대

보현어제국
普現於諸國이로다

일체 부처님 세계 가운데
일체 여래의 처소라
이와 같이 법계에 두루하여
진실한 체성을 모두 보도다.

시방의 광대한 세계에서
억 겁 동안 부지런히 수행하여
능히 정변지의
일체 모든 법바다에서 노닐도다.

오직 하나의 견고하고 비밀한 몸을
일체 티끌 가운데서 보나니
생겨남도 없고 모양도 없으나
모든 국토에 널리 나타나도다.

수 제 중 생 심
隨諸衆生心하야

보 현 어 기 전
普現於其前하사

종 종 시 조 복
種種示調伏하야

속 령 향 불 도
速令向佛道로다

이 불 위 신 고
以佛威神故로

출 현 제 보 살
出現諸菩薩하시니

불 력 소 가 지
佛力所加持로

보 견 제 여 래
普見諸如來로다

일 체 중 도 사
一切衆導師가

무 량 위 신 력
無量威神力으로

개 오 제 보 살
開悟諸菩薩하사

법 계 실 주 변
法界悉周徧이로다

모든 중생들의 마음을 따라
그 앞에 널리 나타나
갖가지로 조복함을 보여서
속히 불도에 향하게 하도다.

부처님의 위신력으로
모든 보살들이 출현하니
부처님 힘의 가지하신 바로
모든 여래를 널리 보도다.

일체 온갖 도사께서
한량없는 위신력으로
모든 보살들을 깨우치셔서
법계에 다 두루하도다.

이시중중　　부유보살마하살　　명화염계보
爾時衆中에 復有菩薩摩訶薩하니 名華燄髻普

명지　　승불위력　　관찰시방　　이설송왈
明智라 承佛威力하사 觀察十方하고 而說頌曰

일체국토중　　　　보연미묘음
一切國土中에　　普演微妙音하사

칭양불공덕　　　　법계실충만
稱揚佛功德하야　法界悉充滿이로다

불이법위신　　　　청정여허공
佛以法爲身하시니　淸淨如虛空이라

소현중색형　　　　영입차법중
所現衆色形으로　令入此法中이로다

그 때에 대중 가운데 또 보살마하살이 있었으니

이름이 화염계보명지이다. 부처님의 위신력을 받

들어 시방을 관찰하고 게송을 설하여 말씀하였다.

일체 국토 가운데

미묘한 소리를 널리 내서서

부처님의 공덕을 칭양하시니

법계에 다 충만하도다.

부처님은 법으로 몸을 삼으시니

청정하기가 허공과 같음이라

나타내신 온갖 색과 형상으로

이 법 가운데 들어가게 하시도다.

약유심신희
若有深信喜와

급위불섭수
及爲佛攝受면

당지여시인
當知如是人은

능생요불지
能生了佛智로다

제유소지자
諸有少智者는

불능지차법
不能知此法하나니

혜안청정인
慧眼淸淨人이라야

어차내능견
於此乃能見이로다

이불위신력
以佛威神力으로

관찰일체법
觀察一切法호대

입주급출시
入住及出時를

소견개명료
所見皆明了로다

만약 깊이 믿고 기뻐하며
부처님께서 섭수하여 주시면
마땅히 알라, 이러한 사람은
부처님을 아는 지혜를 능히 내리라.

지혜가 적은 모든 이들은
이 법을 알 수 없으니
지혜의 눈이 청정한 이라야
이에 능히 보리라.

부처님의 위신력으로
일체 법을 관찰하되
들어가고 머무르고 나오는 때를
보는 것이 모두 명료하도다.

일체제법중
一切諸法中에

법문무유변
法門無有邊하니

성취일체지
成就一切智하사

입어심법해
入於深法海로다

안주불국토
安住佛國土하야

출흥일체처
出興一切處하사대

무거역무래
無去亦無來하시니

제불법여시
諸佛法如是로다

일체중생해
一切衆生海에

불신여영현
佛身如影現하시니

수기해차별
隨其解差別하야

여시견도사
如是見導師로다

일체 모든 법 가운데
법문이 끝이 없으니
일체 지혜를 성취하여야
깊은 법바다에 들어가리라.

부처님 국토에 안주하여
일체 곳에 출현하시되
감도 없고 또한 옴도 없으시니
모든 부처님의 법이 이와 같도다.

일체 중생바다에
부처님 몸이 그림자처럼 나타나시니
그 이해의 차별을 따라서
이와 같이 도사를 보도다.

일체모공중　　　　각각현신통
一切毛孔中에　　　各各現神通하시니

수행보현원　　　　청정자능견
修行普賢願하야　　清淨者能見이로다

불이일일신　　　　처처전법륜
佛以一一身으로　　處處轉法輪하사

법계실주변　　　　사의막능급
法界悉周徧하시니　思議莫能及이로다

이시중중　　부유보살마하살　　　명위덕혜무
爾時衆中에　復有菩薩摩訶薩하니　名威德慧無

진광　　　승불위신　　관찰시방　　이설송왈
盡光이라　承佛威神하사　觀察十方하고　而說頌曰

일체 모공 가운데서
각각 신통을 나타내시니
보현의 원을 수행하여
청정한 이가 능히 보도다.

부처님께서 낱낱 몸으로
곳곳에서 법륜을 굴리셔서
법계에 다 두루하시니
생각으로는 능히 미칠 수 없도다.

그 때 대중 가운데 또 보살마하살이 있었으
니 이름이 위덕혜무진광이다. 부처님의 위신력
을 받들어 시방을 관찰하고 게송을 설하여 말
씀하였다.

일일불찰중
一一佛刹中에

처처좌도량
處處坐道場하사

중회공위요
衆會共圍遶하야

마군실최복
魔軍悉摧伏이로다

불신방광명
佛身放光明하사

변만어시방
徧滿於十方하야

수응이시현
隨應而示現하시니

색상비일종
色相非一種이로다

일일미진내
一一微塵內에

광명실충만
光明悉充滿하사

보견시방토
普見十方土의

종종각차별
種種各差別이로다

낱낱 부처님 세계 가운데
곳곳에서 도량에 앉으시니
회중들이 함께 둘러싸고
마군들을 다 꺾어 항복받도다.

부처님 몸이 광명을 놓으셔서
시방에 두루 가득하여
따라 응해서 나타내 보이시니
색상이 한 가지가 아니로다.

낱낱 미진 속에
광명이 다 충만하여
시방국토의
갖가지 다른 차별을 널리 보도다.

시방제찰해
十方諸刹海에

종종무량찰
種種無量刹이

실평탄청정
悉平坦淸淨하야

제청보소성
帝靑寶所成이라

혹복혹방주
或覆或傍住며

혹사연화합
或似蓮華合이며

혹원혹사방
或圓或四方인

종종중형상
種種衆形相이로다

법계제찰토
法界諸刹土에

주행무소애
周行無所礙하사

일체중회중
一切衆會中에

상전묘법륜
常轉妙法輪이로다

시방의 모든 세계바다에

갖가지 한량없는 세계가

모두 평탄하고 청정하니

제청 보배로 이루어졌도다.

혹은 엎어지고 혹은 곁에 붙어 머무르며

혹은 연꽃이 오므린 것 같으며

혹은 둥글고 혹은 네모나니

갖가지 온갖 형상들이로다.

법계의 모든 세계에

걸림 없이 두루 다니시며

일체 대중모임 가운데서

항상 묘한 법륜을 굴리시도다.

불신부사의
佛身不思議여

국토실재중
國土悉在中이라

어기일체처
於其一切處에

도세연진법
導世演眞法이로다

소전묘법륜
所轉妙法輪이여

법성무차별
法性無差別이라

의어일실리
依於一實理하사

연설제법상
演說諸法相이로다

불이원만음
佛以圓滿音으로

천명진실리
闡明眞實理하사

수기해차별
隨其解差別하야

현무진법문
現無盡法門이로다

부처님 몸이 부사의하심이여
국토가 다 그 가운데 있음이라
그 일체 처에서 세간의 도사께서
참다운 법을 연설하시도다.

굴리시는 묘한 법륜이여
법성은 차별이 없음이라
하나의 실다운 이치에 의하여
모든 법의 현상을 연설하시도다.

부처님께서 원만한 음성으로
진실한 이치를 천명하시고
그 이해의 차별을 따라
다함없는 법문을 나타내시도다.

일체찰토중　　　　　견불좌도량
一切刹土中에　　　見佛坐道場하니

불신여영현　　　　　생멸불가득
佛身如影現이라　　生滅不可得이로다

이시중중　부유보살마하살　　명법계보명
爾時衆中에　復有菩薩摩訶薩하니　名法界普明

혜　승불위력　　관찰시방　　이설송왈
慧라　承佛威力하사　觀察十方하고　而說頌曰

여래미묘신　　　　　색상부사의
如來微妙身이여　　色相不思議라

견자생환희　　　　　공경신락법
見者生歡喜하야　　恭敬信樂法이로다

일체 세계 가운데에
부처님께서 도량에 앉으심을 보니
부처님 몸이 그림자처럼 나타나서
생멸을 얻을 수 없도다.

그 때 대중 가운데 또 보살마하살이 있었으니
이름이 법계보명혜이다. 부처님의 위신력을 받들
어 시방을 관찰하고 게송을 설하여 말씀하였다.

여래의 미묘하신 몸이여
색상이 부사의하여
보는 이가 환희하며
공경하여 법을 믿고 즐기도다.

불신일체상
佛身一切相에

실현무량불
悉現無量佛하사

보입시방계
普入十方界의

일일미진중
一一微塵中이로다

시방국토해
十方國土海에

무량무변불
無量無邊佛이

함어염념중
咸於念念中에

각각현신통
各各現神通이로다

대지제보살
大智諸菩薩이

심입어법해
深入於法海하사

불력소가지
佛力所加持로

능지차방편
能知此方便이로다

부처님 몸의 일체 형상에
한량없는 부처님이 나타나셔서
널리 시방세계의
낱낱 미진 가운데 들어가시도다.

시방의 국토바다에
한량없고 가없는 부처님께서
다 생각생각 가운데
각각 신통을 나타내시도다.

큰 지혜의 모든 보살들이
법바다에 깊이 들어가서
부처님 힘의 가지하신 바로
능히 이 방편을 알았도다.

약유이안주
若有已安住

보현제행원
普賢諸行願이면

견피중국토
見彼衆國土의

일체불신력
一切佛神力이로다

약인유신해
若人有信解와

급이제대원
及以諸大願이면

구족심지혜
具足深智慧하야

통달일체법
通達一切法이로다

능어제불신
能於諸佛身에

일일이관찰
一一而觀察하고

색성무소애
色聲無所礙하야

요달어제경
了達於諸境이로다

만약 보현보살의
모든 행원에 이미 안주했으면
그 온갖 국토의
일체 부처님의 위신력을 보리라.

만약 사람이 신해와
모든 큰 서원이 있으면
깊은 지혜를 구족하여
일체 법을 통달하리라.

능히 모든 부처님 몸을
낱낱이 관찰하여
색과 소리에 걸리는 바가 없으면
모든 경계를 요달하리라.

능어제불신
能於諸佛身에

안주지소행
安住智所行하고

속입여래지
速入如來地하야

보섭어법계
普攝於法界로다

불찰미진수
佛刹微塵數의

여시제국토
如是諸國土를

능령일념중
能令一念中에

일일진중현
一一塵中現이로다

일체제국토
一切諸國土와

급이신통사
及以神通事를

실현일찰중
悉現一刹中하시니

보살력여시
菩薩力如是로다

능히 모든 부처님 몸에서
지혜의 행할 바에 안주하면
여래의 경지에 빨리 들어가서
법계를 널리 섭수하리라.

부처님 세계 미진수의
이러한 모든 국토를
능히 한 생각 가운데
낱낱 티끌 속에 나타나게 하도다.

일체 모든 국토와
신통한 일들을
한 세계 가운데 다 나타내니
보살의 힘이 이와 같도다.

이시중중　　부유보살마하살　　명정진력무
爾時衆中에　復有菩薩摩訶薩하니　名精進力無

애혜　　승불위신　　관찰시방　　이설송왈
礙慧라　承佛威神하사　觀察十方하고　而說頌曰

불연일묘음　　　　주문시방찰
佛演一妙音하사대　周聞十方刹하시며

중음실구족　　　　법우개충변
衆音悉具足하야　　法雨皆充徧이로다

일체언사해　　　　일체수류음
一切言辭海와　　　一切隨類音으로

일체불찰중　　　　전어정법륜
一切佛刹中에　　　轉於淨法輪이로다

그 때에 대중 가운데 또 보살마하살이 있었
으니 이름이 정진력무애혜이다. 부처님의 위신
력을 받들어 시방을 관찰하고 게송을 설하여
말씀하였다.

부처님께서 한 묘음을 내시되
시방세계에 두루 들리며
온갖 소리가 다 구족하여
법의 비가 다 충만하도다.

일체 말씀바다와
일체 품류를 따르는 소리로
일체 부처님 세계 가운데서
청정한 법륜을 굴리시도다.

일체제국토
一切諸國土에

실견불신변
悉見佛神變하며

청불설법음
聽佛說法音하고

문이취보리
聞已趣菩提로다

법계제국토
法界諸國土의

일일미진중
一一微塵中에

여래해탈력
如來解脫力으로

어피보현신
於彼普現身이로다

법신동허공
法身同虛空하야

무애무차별
無礙無差別하사대

색형여영상
色形如影像하야

종종중상현
種種衆相現이로다

일체 모든 국토에서
부처님의 신통변화를 다 보며
부처님의 설법하시는 음성을 듣고
듣고 나서 보리에 나아가도다.

법계 모든 국토의
낱낱 미진 가운데
여래의 해탈력으로
그곳에 널리 몸을 나타내시도다.

법신은 허공과 같아서
걸림도 없고 차별도 없으시나
색과 형상이 영상과 같아서
갖가지 온갖 모양을 나타내시도다.

영상무방소
影像無方所하야

여공무체성
如空無體性하니

지혜광대인
智慧廣大人은

요달기평등
了達其平等이로다

불신불가취
佛身不可取며

무생무기작
無生無起作이라

응물보현전
應物普現前하사대

평등여허공
平等如虛空이로다

시방소유불
十方所有佛이

진입일모공
盡入一毛孔하사

각각현신통
各各現神通을

지안능관견
智眼能觀見이로다

영상은 방소가 없고
허공과 같아 체성이 없으니
지혜가 광대한 사람은
그 평등함을 요달하도다.

부처님 몸은 취할 수 없으며
생겨남도 없고 일어남도 없으나
중생들에게 응하여 현전하시되
평등하기가 허공과 같도다.

시방에 계신 부처님께서
한 모공에 다 들어가셔서
각각 신통을 나타내심을
지혜의 눈으로 능히 관해 보도다.

비로자나불　　　　원력주법계
毗盧遮那佛이　　**願力周法界**하사

일체국토중　　　　항전무상륜
一切國土中에　　**恒轉無上輪**이로다

일모현신변　　　　일체불동설
一毛現神變을　　**一切佛同說**하사

경어무량겁　　　　부득기변제
經於無量劫토록　**不得其邊際**로다

여차사천하도량중　이불신력　　시방각유
如此四天下道場中에　**以佛神力**으로　**十方各有**

일억세계해미진수제보살중　이래집회
一億世界海微塵數諸菩薩衆이　**而來集會**하야

비로자나 부처님께서
원력이 법계에 두루하시어
일체 국토 가운데서
항상 위없는 법륜을 굴리시도다.

한 터럭에 신통변화 나타내심을
일체 부처님께서 함께 말씀하셔서
한량없는 겁을 지내도록
그 끝을 얻을 수 없도다.

이 사천하의 도량 가운데 부처님의 위신력으
로 시방에서 각각 일억 세계바다 미진수의 모
든 보살 대중들이 와서 모이는 것과 같이, 마
땅히 알라, 일체 세계바다의 낱낱 사천하의 모

응지일체세계해일일사천하제도량중　　실
應知一切世界海一一四天下諸道場中에도　悉

역여시
亦如是하나라

〈大方廣佛華嚴經 卷第六〉

든 도량 중에도 다 또한 이와 같도다.

엄 경 제 6 권

〈대방광불화엄경 제6권〉

大方廣佛華嚴經 ─ 부록

●

대방광불화엄경 목차

●

간행사

대방광불화엄경
목차

〈제1회〉

제1권　제1품　세주묘엄품 [1]

제2권　제1품　세주묘엄품 [2]

제3권　제1품　세주묘엄품 [3]

제4권　제1품　세주묘엄품 [4]

제5권　제1품　세주묘엄품 [5]

제6권　제2품　여래현상품

제7권　제3품　보현삼매품

　　　　제4품　세계성취품

제8권　제5품　화장세계품 [1]

제9권　제5품　화장세계품 [2]

제10권　제5품　화장세계품 [3]

제11권　제6품　비로자나품

〈제2회〉

제12권　제7품　여래명호품

　　　　제8품　사성제품

제13권　제9품　광명각품

　　　　제10품　보살문명품

제14권　제11품　정행품

　　　　제12품　현수품 [1]

제15권　제12품　현수품 [2]

〈제3회〉

제16권　제13품　승수미산정품

　　　　제14품　수미정상계찬품

　　　　제15품　십주품

제17권　제16품　범행품

　　　　제17품　초발심공덕품

제18권　제18품　명법품

〈제4회〉

제19권 제19품 승야마천궁품

　　　　 제20품 야마궁중게찬품

　　　　 제21품 십행품 [1]

제20권 제21품 십행품 [2]

제21권 제22품 십무진장품

〈제5회〉

제22권 제23품 승도솔천궁품

제23권 제24품 도솔궁중게찬품

　　　　 제25품 십회향품 [1]

제24권 제25품 십회향품 [2]

제25권 제25품 십회향품 [3]

제26권 제25품 십회향품 [4]

제27권 제25품 십회향품 [5]

제28권 제25품 십회향품 [6]

제29권 제25품 십회향품 [7]

제30권 제25품 십회향품 [8]

제31권 제25품 십회향품 [9]

제32권 제25품 십회향품 [10]

제33권 제25품 십회향품 [11]

〈제6회〉

제34권 제26품 십지품 [1]

제35권 제26품 십지품 [2]

제36권 제26품 십지품 [3]

제37권 제26품 십지품 [4]

제38권 제26품 십지품 [5]

제39권 제26품 십지품 [6]

〈제7회〉

제40권 제27품 십정품 [1]

제41권 제27품 십정품 [2]

제42권 제27품 십정품 [3]

제43권 제27품 십정품 [4]

제44권 제28품 십통품

　　　　 제29품 십인품

제45권 제30품 아승지품

　　　　 제31품 수량품

　　　　 제32품 제보살주처품

제46권 제33품 불부사의법품 [1]

제47권 제33품 불부사의법품 [2]

제48권 제34품 여래십신상해품

　　　　제35품 여래수호광명공덕품

제49권 제36품 보현행품

제50권 제37품 여래출현품 [1]

제51권 제37품 여래출현품 [2]

제52권 제37품 여래출현품 [3]

〈제8회〉

제53권 제38품 이세간품 [1]

제54권 제38품 이세간품 [2]

제55권 제38품 이세간품 [3]

제56권 제38품 이세간품 [4]

제57권 제38품 이세간품 [5]

제58권 제38품 이세간품 [6]

제59권 제38품 이세간품 [7]

〈제9회〉

제60권 제39품 입법계품 [1]

제61권 제39품 입법계품 [2]

제62권 제39품 입법계품 [3]

제63권 제39품 입법계품 [4]

제64권 제39품 입법계품 [5]

제65권 제39품 입법계품 [6]

제66권 제39품 입법계품 [7]

제67권 제39품 입법계품 [8]

제68권 제39품 입법계품 [9]

제69권 제39품 입법계품 [10]

제70권 제39품 입법계품 [11]

제71권 제39품 입법계품 [12]

제72권 제39품 입법계품 [13]

제73권 제39품 입법계품 [14]

제74권 제39품 입법계품 [15]

제75권 제39품 입법계품 [16]

제76권 제39품 입법계품 [17]

제77권 제39품 입법계품 [18]

제78권 제39품 입법계품 [19]

제79권 제39품 입법계품 [20]

제80권 제39품 입법계품 [21]

간 행 사

　귀의삼보 하옵고,

　『대방광불화엄경』의 수지 독송과 유통을 발원하면서 수미정사 불전연구원에서 『독송본 한문·한글역 대방광불화엄경』과 『사경본 한글역 대방광불화엄경』을 편찬하여 간행하게 되었습니다.

　『화엄경』은 우리나라에 전래된 이래 일찍부터 사경되고 주석·강설되어 왔으며 근현대에 이르러서는 『화엄경』의 한글 번역과 연구도 부쩍 많이 이루어졌습니다. 그만큼 『화엄경』이 우리 불자님들의 신행과 해탈에 큰 의지처가 되었던 것임을 알 수 있습니다.

　『화엄경』을 독송하고 사경하는 공덕은 설법 공덕과 함께 크게 강조되어 왔습니다. 그리하여 수미정사 불전연구원에서도 『화엄경』(80권)을 독송하고 사경하는 데 도움이 되도록 한문 원문과 한글역을 함께 수록한 독송본과 한글역의 사경본 『화엄경』 간행불사를 발원하였습니다. 이 『화엄경』 간행불사에 뜻을 같이하여 적극 후원해주신 스님들과 재가 불자님들께 깊이 감사드립니다. 또한 『화엄경』을 수지 독송할 수 있도록 경책의 모습으로 장엄해 주신 편집위원들과 담앤북스 출판사 관계자들께도 고마움을 표합니다.

　끝으로 이 불사의 원만 회향으로 『화엄경』이 널리 유통되고, 온 법계에 부처님의 가피가 충만하시길 기원드립니다.

　나무 대방광불화엄경

불기 2564년 '부처님오신날'을 봉축하며
수미해주 합장

위태천신(동진보살)

수미해주 須彌海住

동국대학교 명예교수
중앙승가대학교 법인이사
대한불교조계종 수미정사 주지

독송본 한문·한글역
대방광불화엄경 제6권

| **초판 1쇄 발행_** 2020년 10월 24일

| **엮은이_** 수미해주
| **엮은곳_** 수미정사 불전연구원
| **편집위원_** 해주 수정 경진 선초 정천 석도 박보람 최원섭
| **편집보_** 동건 무이 무진 김지예

| **펴낸이_** 오세룡
| **펴낸곳_** 담앤북스
　　　　　서울특별시 종로구 새문안로3길 23 경희궁의 아침 4단지 805호
　　　　　대표전화 02)765-1251　전자우편 damnbooks@hanmail.net
　　　　　출판등록 제300-2011-115호
| **ISBN_** 979-11-6201-250-5　04220

정가 15,000원
ⓒ 수미해주 2020